「反核・写真運動」監修
"Anti-Nuclear Photographers' Movement of Japan"

決定版
長崎原爆
The Collection of Nagasaki Atomic bomb Photographs
写真集

小松健一・新藤健一 編
Kenichi KOMATSU + Kenichi SHINDO

勉誠社

はじめに

　戦後70年を迎えた今夏、広島・長崎の原爆写真を後世に残そうと「反核・写真運動」が収集してきた原爆写真集がようやく日の目を見ました。

　収集したオリジナルの原爆写真は30年前に6×9の複製ネガを制作し、10年前に、高解像度のデジタル化を行い、そのネガフィルムとデータは銀行の貸金庫に保管してきました。

　世界の核をめぐる政治状況は複雑です。冷戦時代の米ソは競ってビキニ環礁やカザフスタンで核実験を繰り返してきました。今日、核保有国は米国、ロシア（旧ソ連）、イギリス、フランス、中国の五大国のほか、インド、パキスタン、北朝鮮も保有を表明しています。イスラエルは公式に保有宣言をしていませんが、核保有国とみなされ、イランもそれに順じています。

　国連は1970年3月5日、「核兵器の不拡散に関する条約」（Treaty on the Non-Proliferation of Nuclear Weapons : NPT）を発効させました。締約国は191カ国・地域。日本は1976年6月、批准しました。非締約国はインド、パキスタン、イスラエル、南スーダンです。

　しかし、核軍縮は遅々として進みません。2015年4月～5月、ニューヨークの国連本部で開催されたNPT運用再検討会議では1カ月間に及ぶ長い会議にも関わらず、大国のエゴで合意文書を採択することができなかったのです。これについて潘基文（パン・ギムン）国連事務総長は、世界の核軍縮の要である「実質的成果」を示す最終文書の合意に至らなかったことに遺憾の意を表しました。

　また今年6月1日、長崎大学核兵器廃絶研究センター（RECNA）は、現在の世界の核弾頭の数が約1万5700発であると推計値を発表しました。ロシアの7500発が最も多く、次いで米国が7200発。両国で世界の9割強を占めています。

　NPTでは原子力の平和的利用についても規定しています。条約では締約国の「奪い得ない権利」とともに、原子力の軍事技術への転用を防止するため、非核兵器国が国際原子力機関（IAEA）の保障措置を受諾する義務を規定しています。しかしながら「安全だ」と言われてきた原発にも思わぬ欠陥がありました。米国のスリーマイル島、ソ連のチェルノブイリ事故では生態系や環境にはかりしれない核汚染をもたらし、被ばく者は後遺症に苦しんでいます。

　2011年3月11日の東日本大震災では東京電力福島第一原子力発電所が被災し、福島を中心に放射性物質が飛散、汚染水はいまだに垂れ流し状態になっているのです。

「反核・写真運動」が創設当時に収集した写真は18人の写真家の624点。その後、写真技手で長崎の原子雲を撮影した松田弘道氏の1点、二瓶禎二氏（文部省学術研究会議 原子爆弾災害調査研究特別委員会に助手として同行）撮影の30点と三菱重工長崎造船所の森末太郎氏が撮影した26点、長崎県の依頼で撮影した、小川虎彦氏の写真17点が追加されました。さらに東京大学の眞島正市教授、菅義夫助教授と筒井俊正助教授、加賀美幾三助手らが撮影した120点が加わり、本書編集中には同盟通信社の中田左都男氏撮影の写真も広島平和記念資料館から27点が見つかりました。そして長崎を撮った山端庸介氏の御子息である山端祥吾氏より新たに約100点の写真の提供がありました。結果的に本書には広島・長崎を合わせて830点が収蔵されています。

　1995年、被爆50年に開催された『「核の恐怖」1945－1995写真展』（東京・コニカプラザ）では本書に掲載した「被爆直後」を撮影した写真に加え「被爆その後」を撮影した大石芳野、児島昭雄、小松健一、佐々木雄一郎、田村茂、丹野章、土田ヒロミ、東松照明、土門拳、長野重一、福島菊次郎、藤川清、細江英公、森下一徹らと、さらにはビキニ、ロシア、ネバダなど世界の核汚染地帯を取材してきた島田興生、新藤健一、豊崎博光、広河隆一、本橋成一、森住卓ら30人の写真も展示され、大きな反響を呼びました。

　『広島原爆写真集』と『長崎原爆写真集』に網羅した写真は私たち「反核・写真運動」のメンバーが見聞してきた筆舌につくし難い原爆の惨状を目撃してきた先達の記録と証言です。
　こうした貴重な遺産を次世代へ確実に引き継ぐとともに、核のない世界平和が一日も早く訪れることを心より願うものです。

2015年 水無月
「反核・写真運動」運営委員会

Introduction

This summer will mark 70 years since the end of the war, and the Atomic Bomb Photo Collection amassed by the "Anti-Nuclear Photographers' Movement of Japan" (whose objective is to hand down photos of the atomic bomb disaster in Hiroshima and Nagasaki to future generations) has finally seen the light of day.

30 years ago, 6x9 duplicate negatives were created from the originally collected atomic bomb photos. 10 years ago, high resolution digital copies of those photos were created, and the negatives and data were stored in a safety deposit box in a bank.

The political situation surrounding nuclear weapons worldwide is complicated. During the cold war era, the United States and Soviet Union repeatedly conducted nuclear weapon testing at Bikini Atoll and Kazakhstan. Today, in addition to the five major nuclear powers (the United States, Russia [former Soviet Union], United Kingdom, France, and China), India, Pakistan, and North Korea have revealed that they possess nuclear weapons. Israel and Iran have made no official announcements but they are recognized as nuclear powers.

On March 5, 1970 the United Nations put the Treaty on the Non-Proliferation of Nuclear Weapons (NPT) into effect. 191 nations and regions signed the treaty. Japan ratified this in June 1976. India, Pakistan, Israel and South Sudan did not sign the treaty.

Nonetheless, nuclear disarmament is making little progress. Although a month-long discussion was held at the NPT Review Conference in April and May 2015 at the UN Headquarters in New York, participants failed to draft a consensus document due to the egos of the major powers. UN Secretary-General Ban Ki-moon expressed disappointment to the failure of reaching an agreement on a final document, supposed to show a "substantive outcome" required for the global nuclear disarmament.

On June 1 of this year, the Research Center for Nuclear Weapons Abolition, Nagasaki University (RECNA) announced that the estimated number of nuclear warhead throughout the world reaches 15,700.. Russia has the most at 7,500, followed by the United States at 7,200. Together, the two nations account for more than 90% of world's nuclear arsenal.

The NPT also stipulates the peaceful use of nuclear energy. In addition to establishing the "inalienable rights" of signatory nations, the treaty says that non-nuclear-weapon states must accept the safeguards of the International Atomic Energy Agency (IAEA) in order to prevent the diversion of nuclear technology to military purpose. Moreover, although atomic power plants has been deemed "safe", unexpected defects were revealed. Accidents on Three Mile Island in the United States and Chernobyl in the Soviet Union have caused immeasurable nuclear contamination to ecological systems and environments, and those who were exposed to radiation continue to suffer the aftereffects.

The TEPCO Fukushima Daiichi Nuclear Power Station was damaged during the Great East

Japan Earthquake on March 11, 2011. Radioactive material was scattered in and out of Fukushima, and contaminated water is still being discharged from the site.

    Just after its founding, the "Anti-Nuclear Photographers' Movement of Japan" has collected 624 photos of 19 photographers. Since then, the group has added the first photo of the mushroom cloud in Nagasaki taken by Mr. Hiromichi Matsuda and 30 photos taken by Mr. Teiji Nihei (who accompanied research teams of the Special Committee for Investigation on Atomic Bomb Disaster, National Research Council of Ministry of Education as an assistant), 26 photos by Mr. Suetaro Mori of the Mitsubishi Heavy Industries Nagasaki Shipyard, and 17 photos Mr. Torahiko Ogawa took at the request of Nagasaki prefecture. In addition to those, 120 photos taken by Tokyo University team consisting of Professor Masaichi Majima, Assistant Professors Yoshio Suge and Toshimasa Tsutsui, and Assistant Ikuzo Kagami, were added. And recentry as this volume was being edited, 27 photos taken by Mr. Satsuo Nakata of Domei News Agency were discovered in the Hiroshima Peace Memorial Museum. Approximately 100 new photos were also provided by Mr. Shogo Yamahata, son of Mr. Yosuke Yamahata, who photographed Nagasaki. Overall, this volume contains a total of 830 photos of Hiroshima and Nagasaki.

    In 1995, on the 50th year since the atomic bombs disaster, the "Nuclear Fear: 1945-1995" exhibition was held at Konica Plaza in Tokyo. In addition to photos taken "immediately after the explosion" (included in this volume), the Exhibition featured photos by 30 photographers, including those describing the "long lasting aftereffects of the exposure" by Ken Domon, Shigeru Tamura, Kikujiro Fukushima, Akira Tanno, Shigeichi Nagano, Shomei Tomatsu, Eiko Hosoe, Ittetsu Morishita, Yoshino Oishi, Kenichi Komatsu and others. It also exhibited photos taken by those who covered radiation contaminated zones around the world (such as the Bikini Atoll, Russia and Nevada) including Kosei Shimada, Hiromatsu Toyosaki, Ryuichi Hirokawa, Seiichi Motohashi, Takashi Morizumi and Kenichi Shindo. The exhibition generated enthusiastic responses.

    The photos contained in this Hiroshima and Nagasaki atomic bomb photo collections are records and testimonies of those who witnessed firsthand the indescribable devastation caused by the atomic bombs. The members of the "Anti-Nuclear Photographers' Movement of Japan" learn a lot from these photos.

    We hope that future generations will inherit this distressing but precious legacy, and that the day all of humankind will enjoy world peace without nuclear weapons will come soon.

June 2015
"Anti-Nuclear Photographers' Movement of Japan" Steering Committee

目次

Contents

はじめに
「反核・写真運動」運営委員会
Introduction
"Anti-Nuclear Photographers' Movement of Japan" Steering Committee ... 002

凡例 ... 008

決定版
長崎原爆写真集
The Collection of Nagasaki Atomic bomb Photographs ... 009

対談
「原爆を撮った男たち」の証言
松本栄一　林 重男　（聞き手・小松健一） ... 232

解説
「長崎の原爆を撮った男」
新藤健一 ... 242

あとがき
小松健一・新藤健一 ... 255

撮影者一覧 ... 257

凡例

● 本書では、「反核・写真運動」が収集・保管していた原爆写真について、
　原則として撮影された年月日順に配列した。
　ただし、レイアウトの都合上、若干前後を入れ替えている場合もある。

● キャプションは、撮影者本人の残したメモ、関連する既刊書籍、
　「広島平和記念資料館　平和データベース」「長崎原爆資料館　収蔵品検索」等の
　ウェブサイトなどを参照しつつ、新たに判明した事実も加え、小松健一が執筆した。

● キャプション末には、判明している範囲で、撮影年月日と撮影場所、撮影者を記した。

● 詳細な場所が特定できなかった写真は、市名のみを表記した。

● 収集・保管した写真は網羅的に収録することを目指したが、
　ほぼ同じカットが複数枚ある写真や、撮影時の条件等が悪く鮮明に写っていない写真、
　経年による劣化が激しい写真については適宜割愛した。

● 撮影場所等の新事実、錯誤等、写真に関する情報がありましたら、編集部にお寄せください。

決定版
長崎原爆写真集

The Collection of Nagasaki Atomic bomb Photographs

長崎市香焼島（現在の香焼町）にあった川南造船所から
爆裂15分後に撮った。
地上から原子雲を撮したものではもっとも早い
＝1945年8月9日（撮影：松田弘道）

The first photo of the mushroom cloud taken from
the ground. This photo was taken 15 minutes
after the explosion, from Kawanami Shipyard on
Koyagi island (now Koyagi-cho, Nagasaki City)
= August 9, 1945 (Photo: Hiromichi Matsuda)

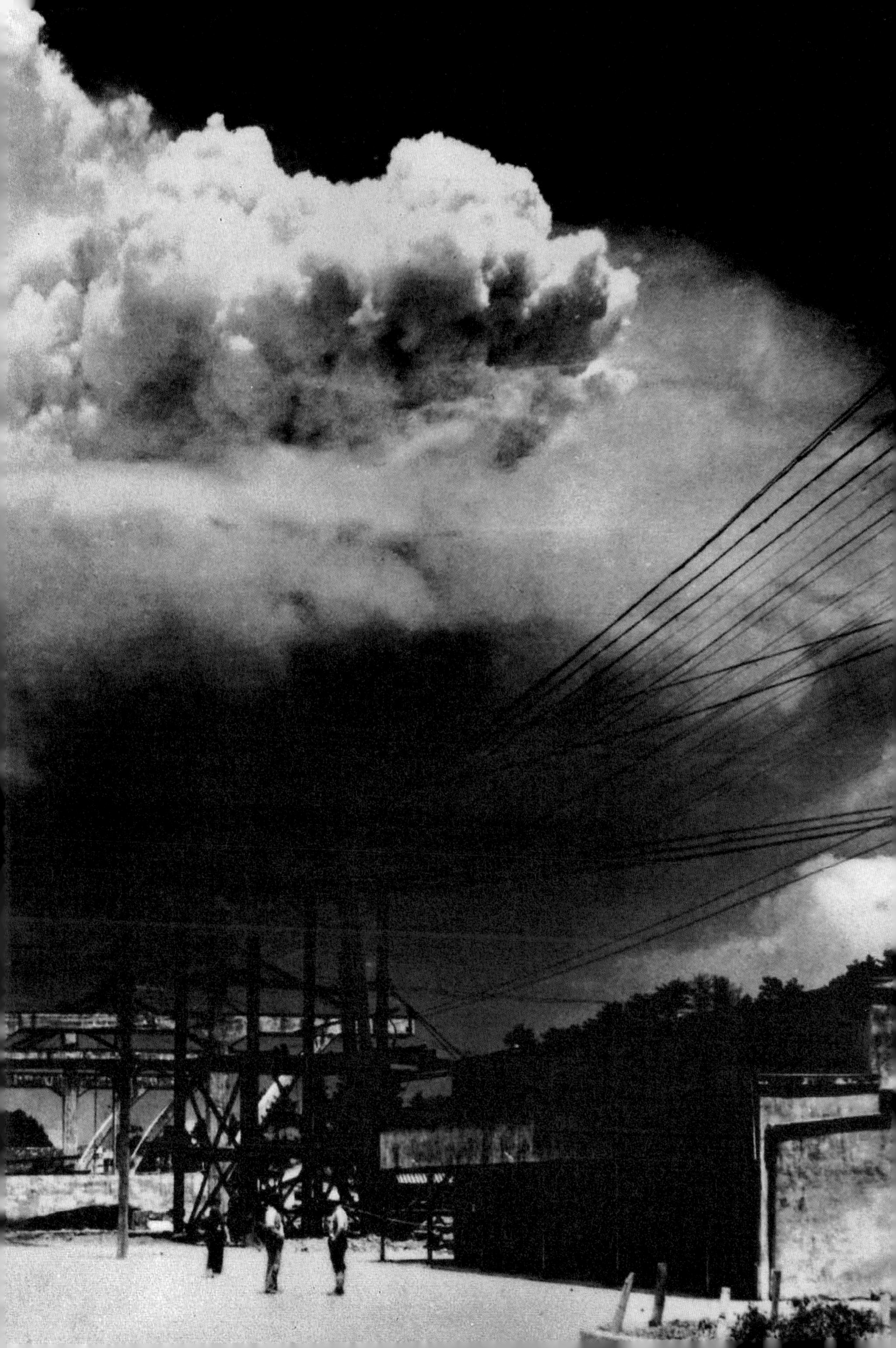

憲兵隊本部裏山から市街中心地方面を撮影。
爆心地から南南東約 3km 前後付近
＝ 1945 年 8 月 10 日早朝、
長崎市金毘羅山裾野中腹（撮影：山端庸介）
View of downtown Nagasaki City from a hill behind the Military Police HQ. Around 3 km south-southeast of the ground zero = Early morning of August 10, 1945 at the hillside of Mt. Konpira (Photo: Yosuke Yamahata)

中町天主堂付近。爆心地から南南東 2.5km ＝ 1945 年 8 月 10 日早朝、
長崎市西中町（撮影：山端庸介）
Near Naka-machi Church. 2.5 km south-southeast of the ground zero = Early morning of August 10, 1945 at Nishinaka-machi, Nagasaki City (Photo: Yosuke Yamahata)

崩壊した長崎駅（国鉄・長崎本線終点駅）。爆心地から南 2.3km ＝ 1945 年 8 月 10 日早朝、長崎市尾上村（撮影：山端庸介）
Nagasaki Station in ruins. This is the last stop on the Japan National Raiways Nagasaki Main line. 2.3 km south of the groung zero = Morning of August 10, 1945 at Onoe-machi, Nagasaki City (Photo: Yosuke Yamahata)

憲兵隊本部裏山から市街中心地方面を撮影。
爆心地から南南東約 3km 前後付近 ＝ 1945 年 8 月 10 日早朝、長崎市金毘羅山裾野中腹（撮影：山端庸介）
View of the downtown Nagasaki City from a hill behind the Military Police HQ. Around 3 km south-southeast of the ground zero
= Early morning of August 10, 1945 at the hillside of Mt. Konpira (Photo: Yosuke Yamahata)

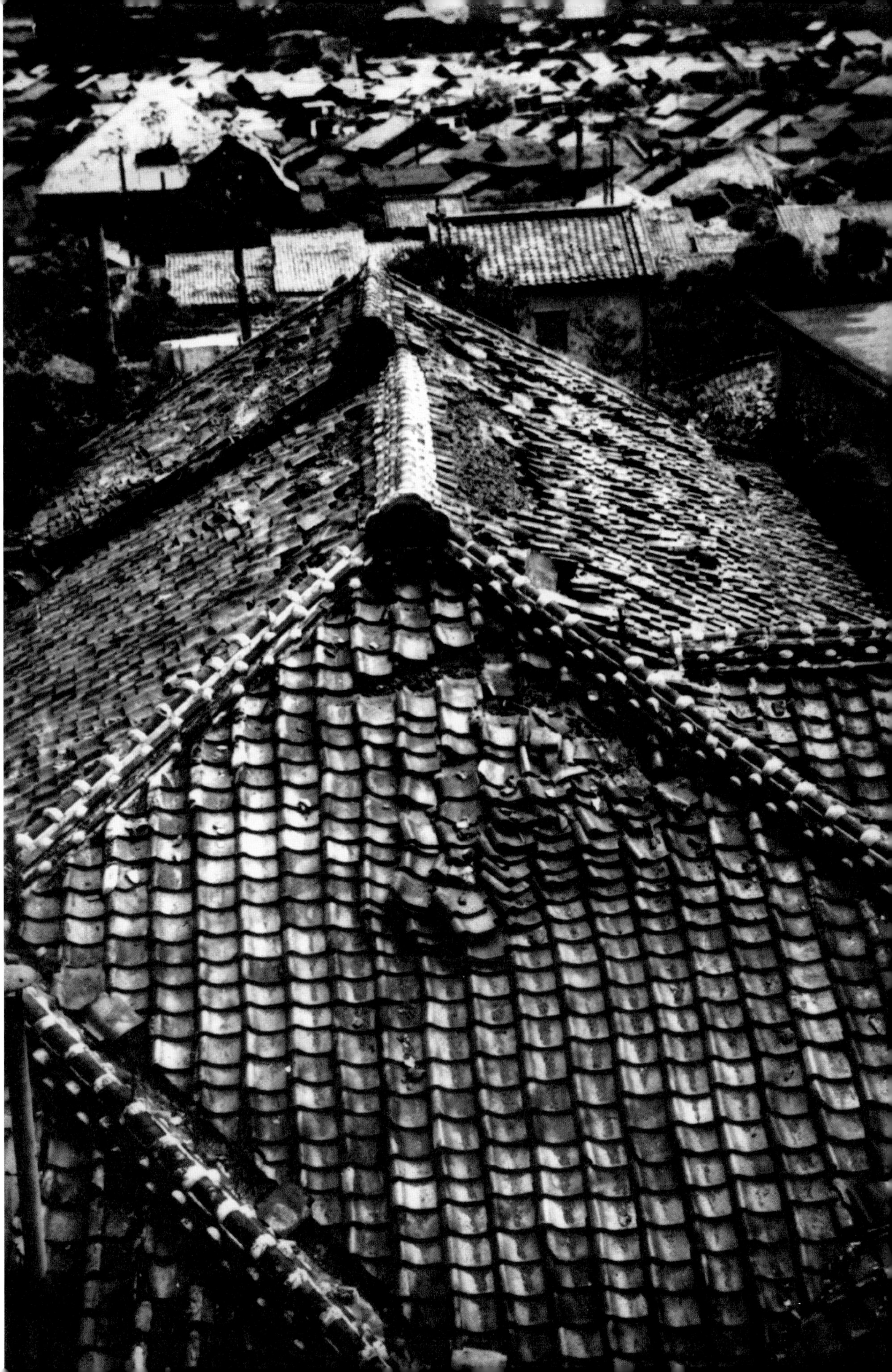

長崎地区憲兵隊

長崎地区憲兵隊本部。爆心地から南南東 2.8km ＝ 1945 年 8 月 10 日早朝、長崎市炉粕町（撮影：山端庸介）
The Nagasaki District Military Police HQ. 2.8 km south-southeast of the ground zero
= Early morning of August 10, 1945 at Rokasu-machi, Nagasaki City (Photo: Yosuke Yamahata)

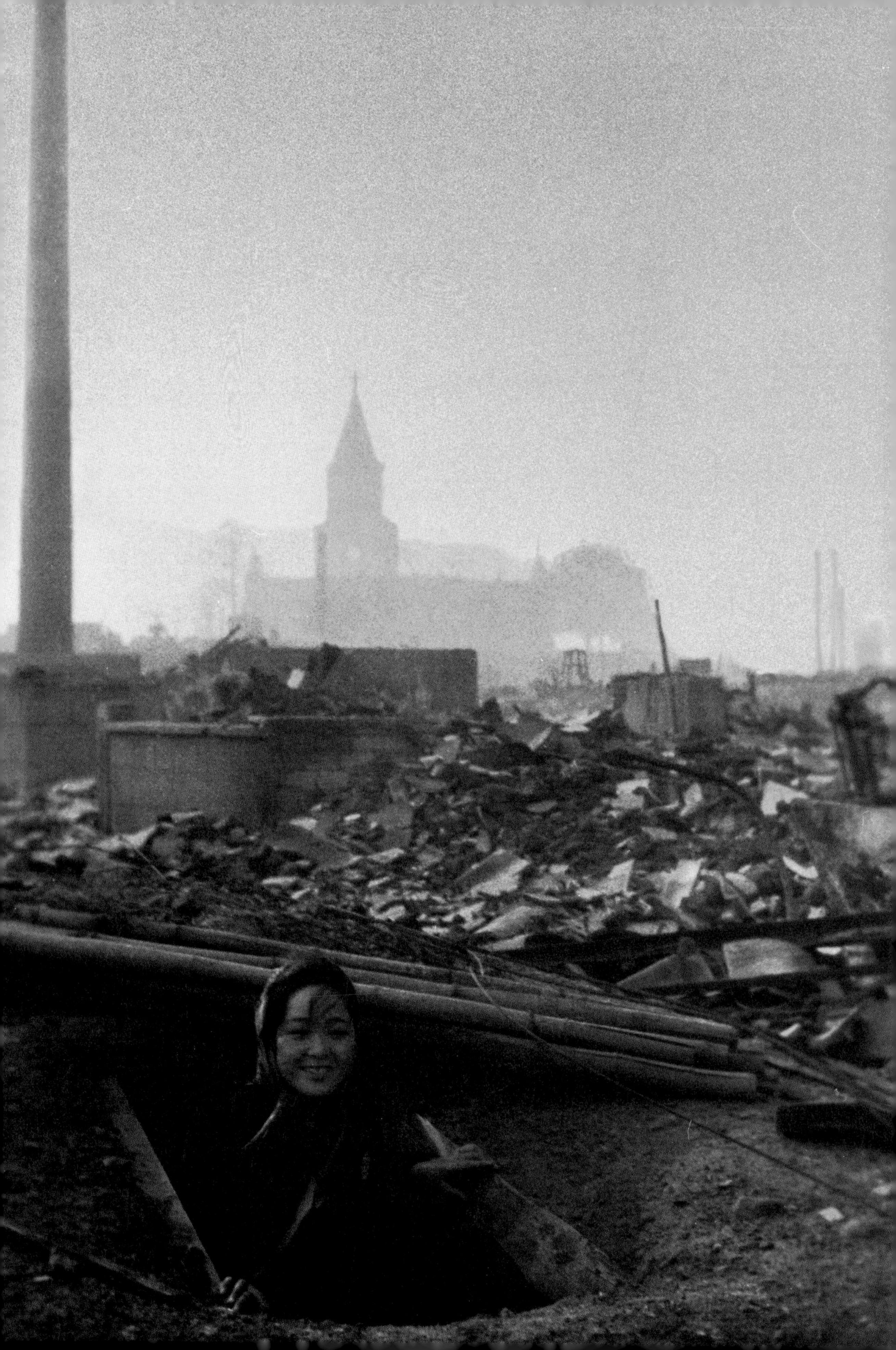

中町天主堂付近の惨状。爆心地から南南東 2.5km
＝ 1945 年 8 月 10 日早朝、長崎市西中町（撮影：山端庸介）

Devastation near Naka-machi Church. 2.5 km south-southeast of the ground zero
= Early morning of August 10, 1945 at Nishinaka-machi, Nagasaki City (Photo: Yosuke Yamahata)

被害を免れた女性。カメラに向かって微笑んでくれた。
爆心地から南南東 2.5km ＝ 1945 年 8 月 10 日早朝、長崎市中町天主堂付近（撮影：山端庸介）

This woman easaped from injuries. She smiled for the camera. 2.5 km south-southeast of the ground zero
= Early morning of August 10, 1945 near Naka-machi Church, Nagasaki City (Photo: Yosuke Yamahata)

近郊の町や村から警防団を中心とした救援隊が、炊き出しのにぎりめしをもってかけつけた。
箱に「大村市」の字が見えるものがある＝1945年8月10日午前、長崎市井樋ノ口町の特設救護本部（撮影：山端庸介）
Relief teams, mainly consisting of members of civil defense forces, came quickly from nearby towns and villages with rice balls.
Letters "Omura City" are seen on a box = Before noon of August 10, 1945
at a temporary relief station in Ibinokuchi-machi, Nagasaki City (Photo: Yosuke Yamahata)

三菱製鋼第二工場方面を見る。爆心地から1km
＝1945年8月10日午前、長崎市岩川町付近（撮影：山端庸介）
Looking toward the Mitsubishi Steel Works No.2 Plant, 1 km from the ground zero
= Morning of August 10, 1945 near Iwakawa-machi, Nagasaki City
(Photo: Yosuke Yamahata)

つぶれた長崎市電と乗客。鉄橋近く（爆心地南南西230m）を、
大橋に向かい走っていた市電は、
写真右上から襲ってきた火の玉と爆風で台車を残して乗客もろ共、
手前の側溝に吹き飛び叩きつけられた＝1945年8月10日（撮影：山端庸介）
A flattened Nagasaki City tram car and its passengers.
230 meters south- southwest of the ground zero. The tram,
heading towards Obashi railroad bridge, was blown off by the blast wave
from the top right and crashed. The passengers scattered into the ditch at the front
= August 10, 1945 (Photo: Yosuke Yamahata)

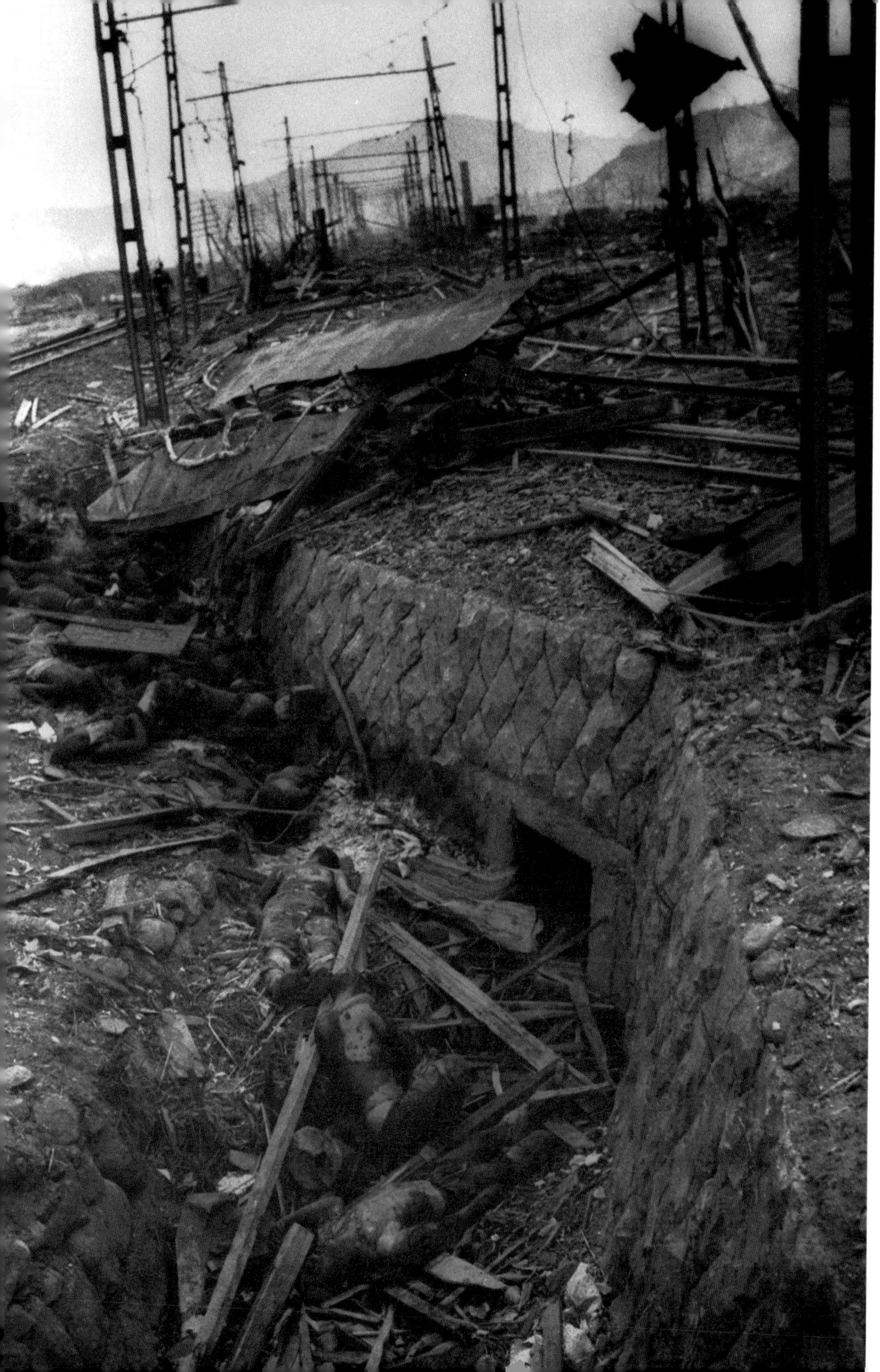

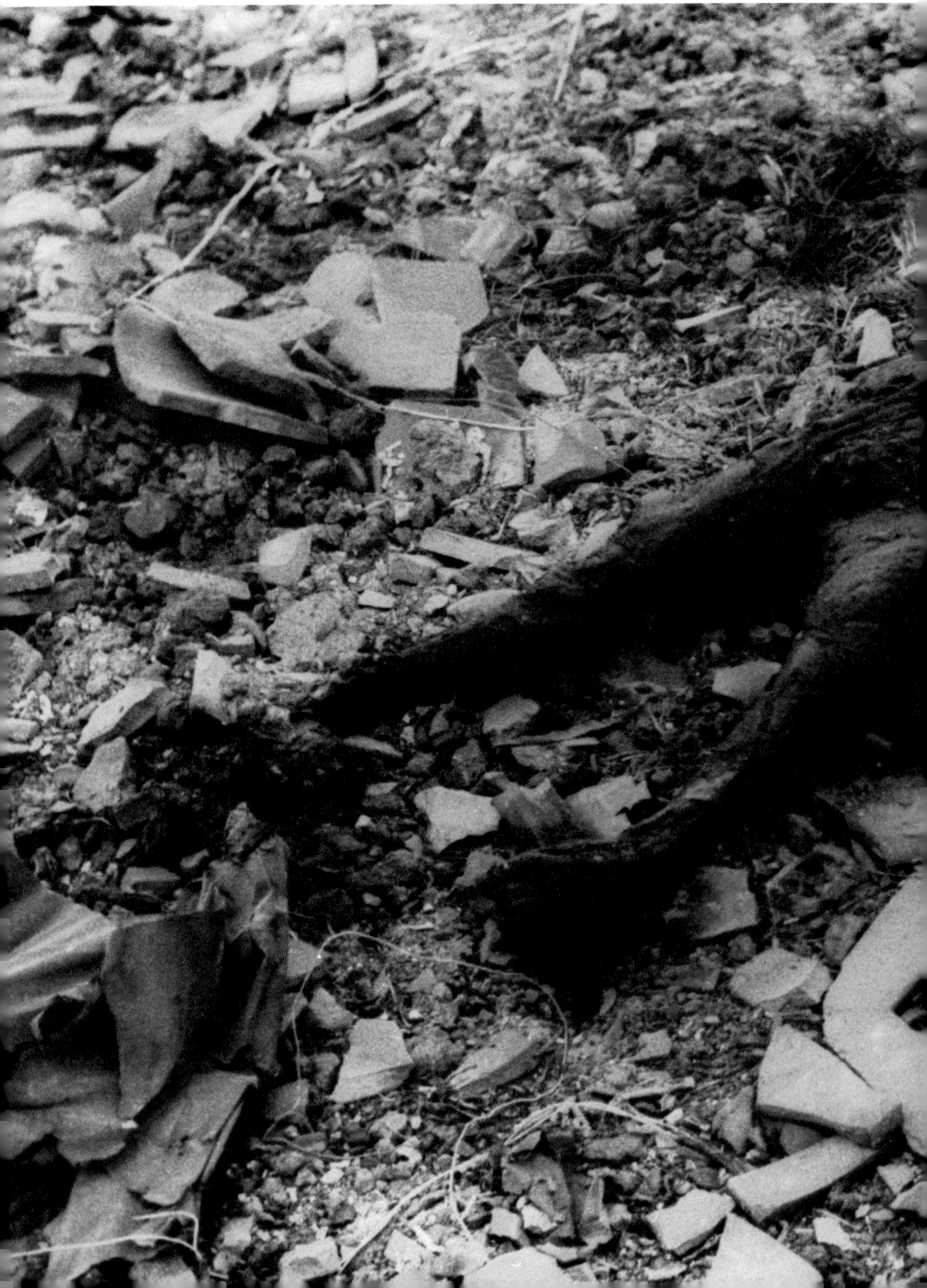

焼死した少年。爆心地から南南東700m ＝ 1945年8月10日、長崎市岩川町付近（撮影：山端庸介）
A boy burned to death. 700 meters south-southeast of the ground zero
= August 10, 1945 near Iwakawa-machi, Nagasaki City (Photo: Yosuke Yamahata)

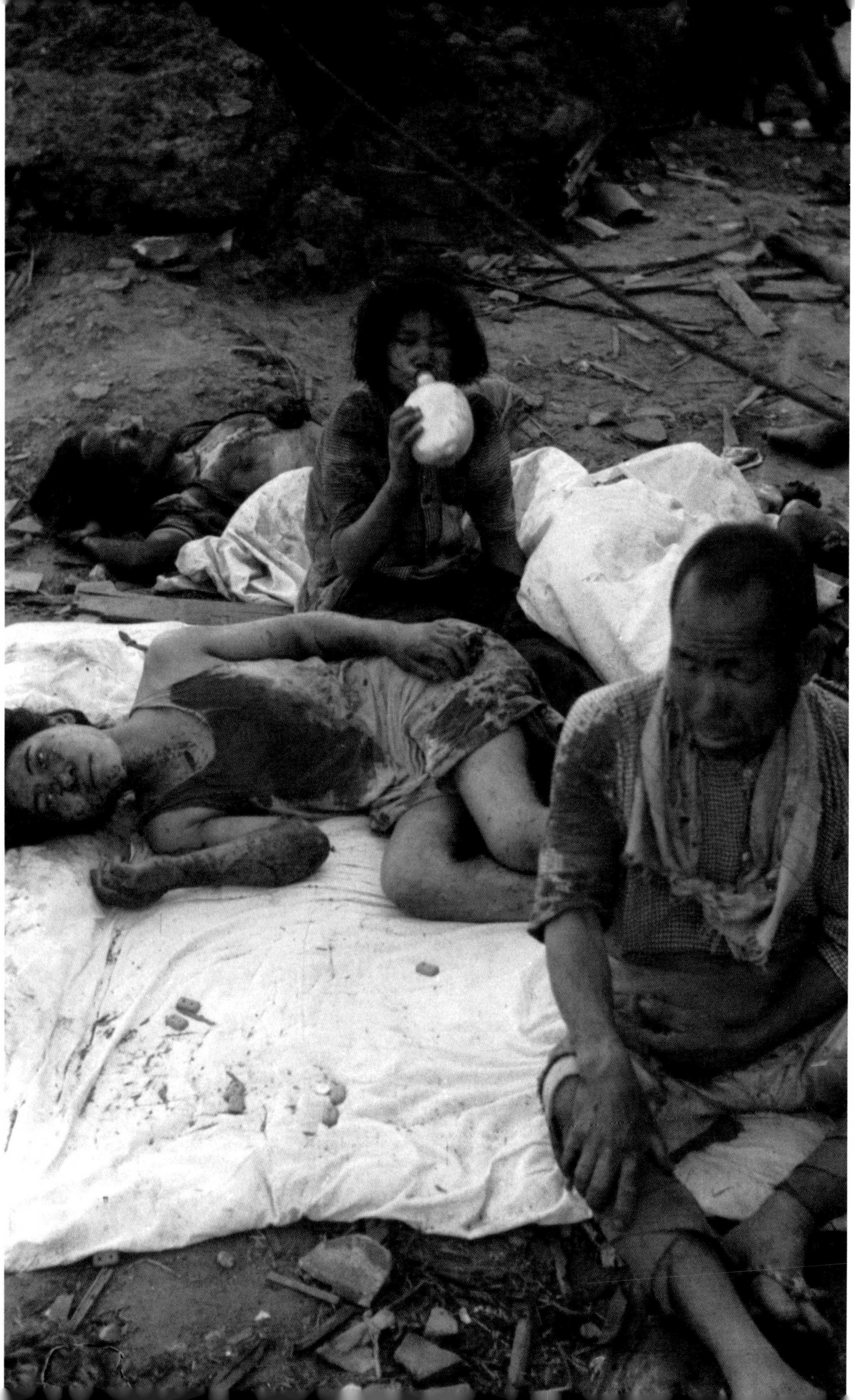

すでに死者となった人の傍らで、当てもなく救援を待つ負傷者。爆心地から南 1km。
左端は、惨状をスケッチする画家・山田栄二氏 = 1945 年 8 月 10 日午前、長崎市岩川町付近（撮影：山端庸介）
Next to the corpses, injured persons were in endless wait for relief. 1 km south of the ground zero. On the left is a painter, Eiji Yamada, sketching the devastation = Morning of August 10, 1945 near Iwakawa-machi, Nagasaki City (Photo: Yosuke Yamahata)

炎天下に当てもなく救援を待つ負傷者。ある者は倒れ、ある者は放心の様子で座り込んでいた。
爆心地から南 1km = 1945 年 8 月 10 日午前、長崎市岩川町付近（撮影：山端庸介）
Injured persons were in endless wait for relief under the blazing sun. Some collapsed, while another was sitting in a daze.
1 km south of the ground zero = Morning of August 10, 1945 near Iwakawa-machi, Nagasaki City (Photo: Yosuke Yamahata)

自分で飲む力さえ失った負傷のひどい婦人には、これが末期の水となった。爆心地より南へ 1.5km
= 1945 年 8 月 10 日午前 10 時頃、長崎市井樋ノ口町付近（撮影：山端庸介）
This was the last drink for this woman, too badly injured to drink on her own. 1.5 km south of the ground zero = August 10, 1945 around 10:00 am near Ibinokuchi-machi, Nagasaki City (Photo: Yosuke Yamahata)

市の連絡員が持ってきた水を、一人で飲む力さえ失った負傷者。食べる気力もなくなったのだろうか。
布団の上には乾パンが置かれたままになっている。爆心地から南1km＝1945年8月10日昼頃、長崎市岩川町付近県道わき（撮影：山端庸介）

This injured person requires help to drink water provided by a city liaison. The person may lost the will to eat. Hardtacks left uneaten on the futon bed.
1 km south of the ground zero = Around noon August 10, 1945 on the side of the prefectural road near Iwakawa-machi, Nagasaki city (Photo: Yosuke Yamahata)

行く手を炎に阻まれ、立ち往生した救援のトラック。負傷者は新たな救援を待つしかなかった。
背後の工場は三菱製鋼所第一工場鍛練工場。爆心地から南1km＝1945年8月10日午前、長崎市岩川町付近県道わき（撮影：山端庸介）

A stranded rescue truck, its path blocked by fire. The injured had no choice but to wait for another.
The factory in the back is the Forge of the Mitsubishi Steel Works No.1 Plant. 1 km south of the ground zero = Morning of August 10, 1945 along the prefectural road near Iwakawa-machi, Nagasaki City (Photo: Yosuke Yamahata)

爆心地から南南東1200m。現地救護本部から配給を受けて帰る母と子。
すぐ口にする元気もない＝1945年8月10日朝、長崎市井樋ノ口付近（撮影：山端庸介）

1200 meters south-southeast of the ground zero. A mother and a child leaving the first-aid station after receiving rations. They do not have the vigor to eat = August 10, 1945 near Ibinokuchi-machi, Nagasaki City (Photo: Yosuke Yamahata)

おにぎりを持つ少年。爆心地から南 1.5km ＝ 1945 年 8 月 10 日朝、長崎市井樋ノ口町付近（撮影：山端庸介）
A boy holding a rice ball. 1.5 km south of the ground zero = Morning of August 10, 1945 near Ibinokuchi-machi, Nagasaki City
(Photo: Yosuke Yamahata)

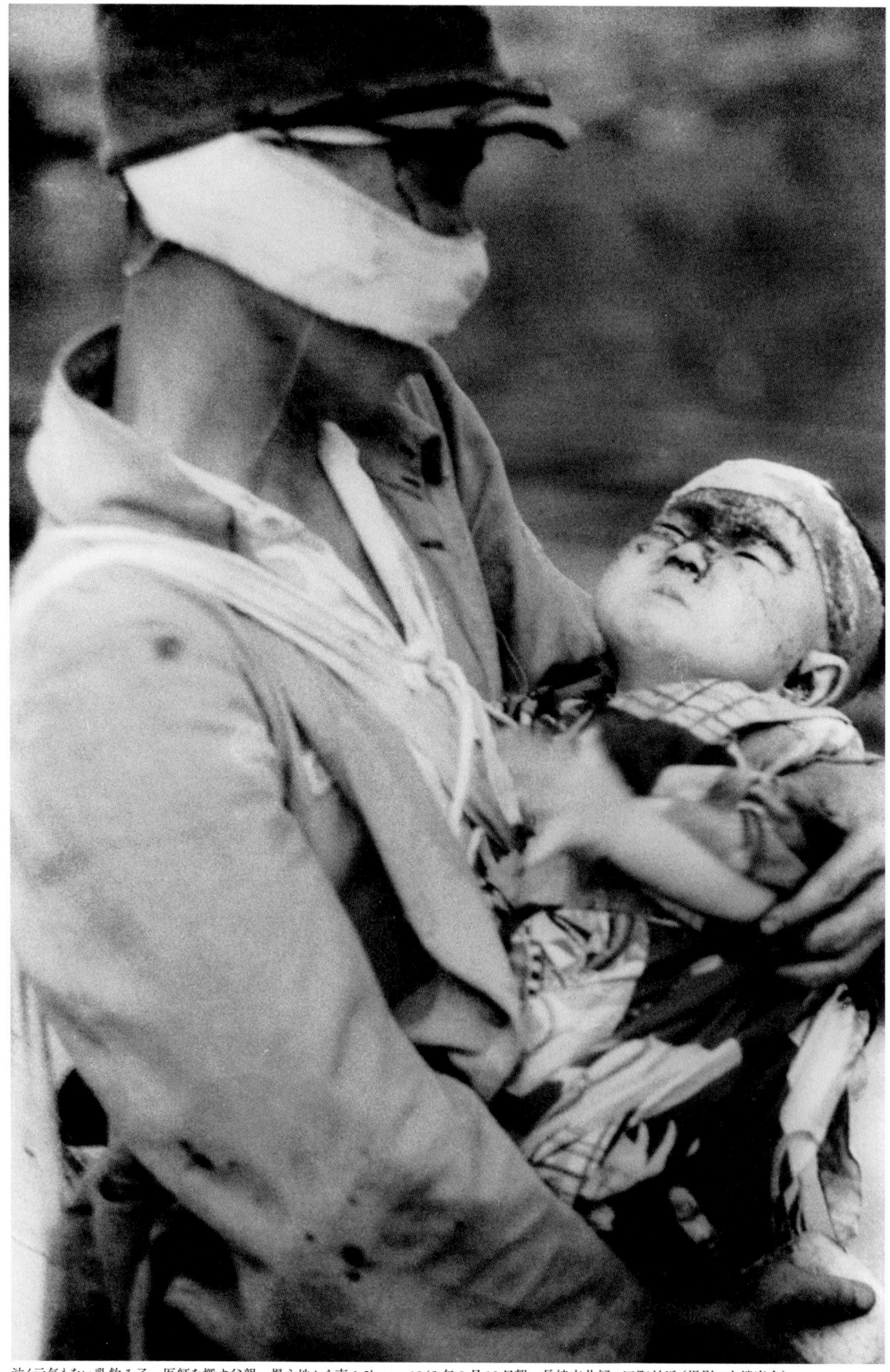

泣く元気もない乳飲み子、医師を探す父親。爆心地から南1.5km = 1945年8月10日朝、長崎市井樋ノ口町付近（撮影：山端庸介）
A father searches for a doctor, carrying his baby who is too weak to cry. 1.5 km south of the ground zero
= Morning of August 10, 1945 near Ibinokuchi-machi, Nagasaki City (Photo: Yosuke Yamahata)

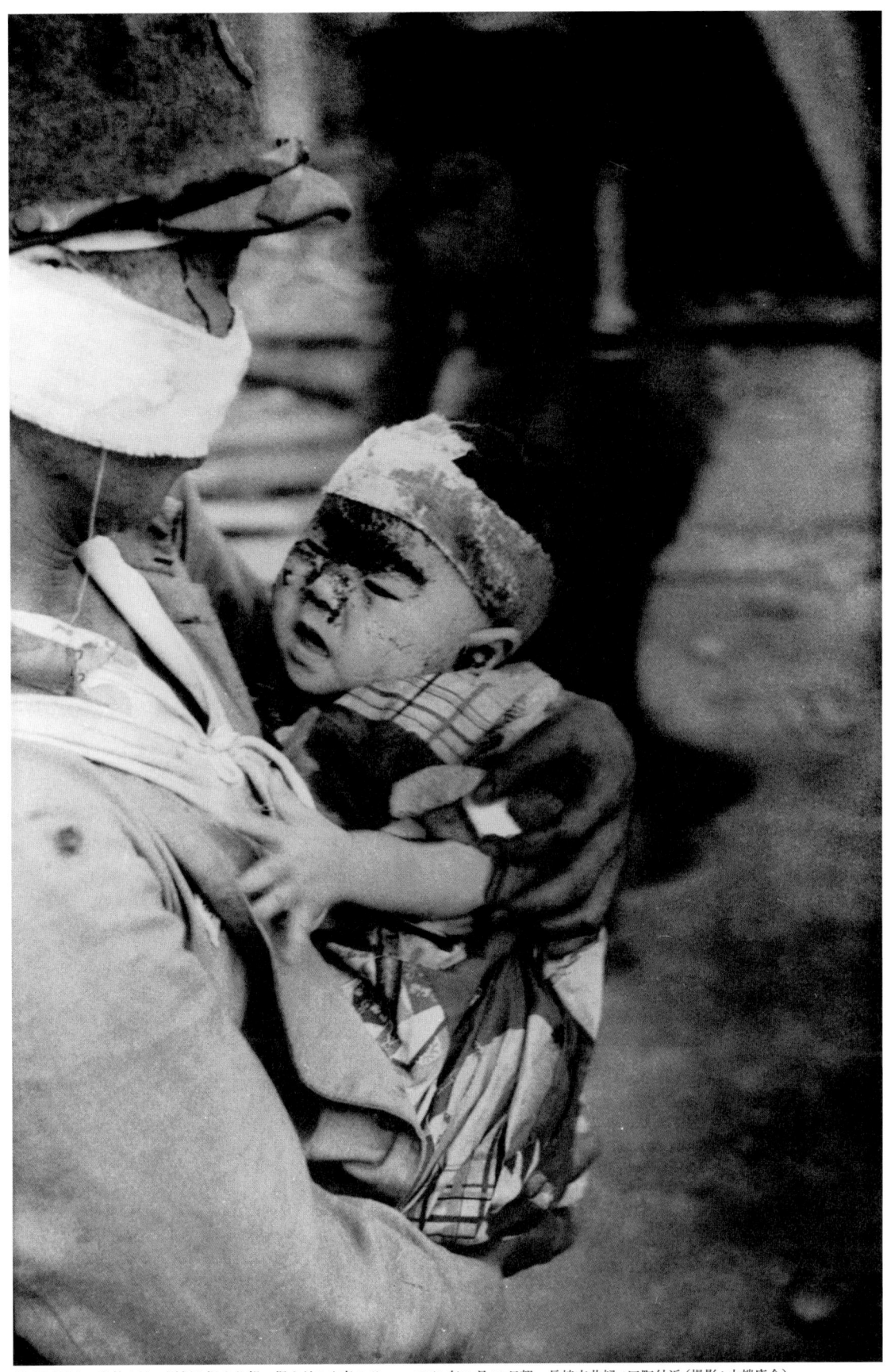

泣く元気もない乳飲み子、医師を探す父親。爆心地から南1.5km ＝ 1945年8月10日朝、長崎市井樋ノ口町付近（撮影：山端庸介）

A father searches for a doctor, carrying his baby who is too weak to cry. 1.5 km south of the ground zero
= Morning of August 10, 1945 near Ibinokuchi-machi, Nagasaki City (Photo: Yosuke Yamahata)

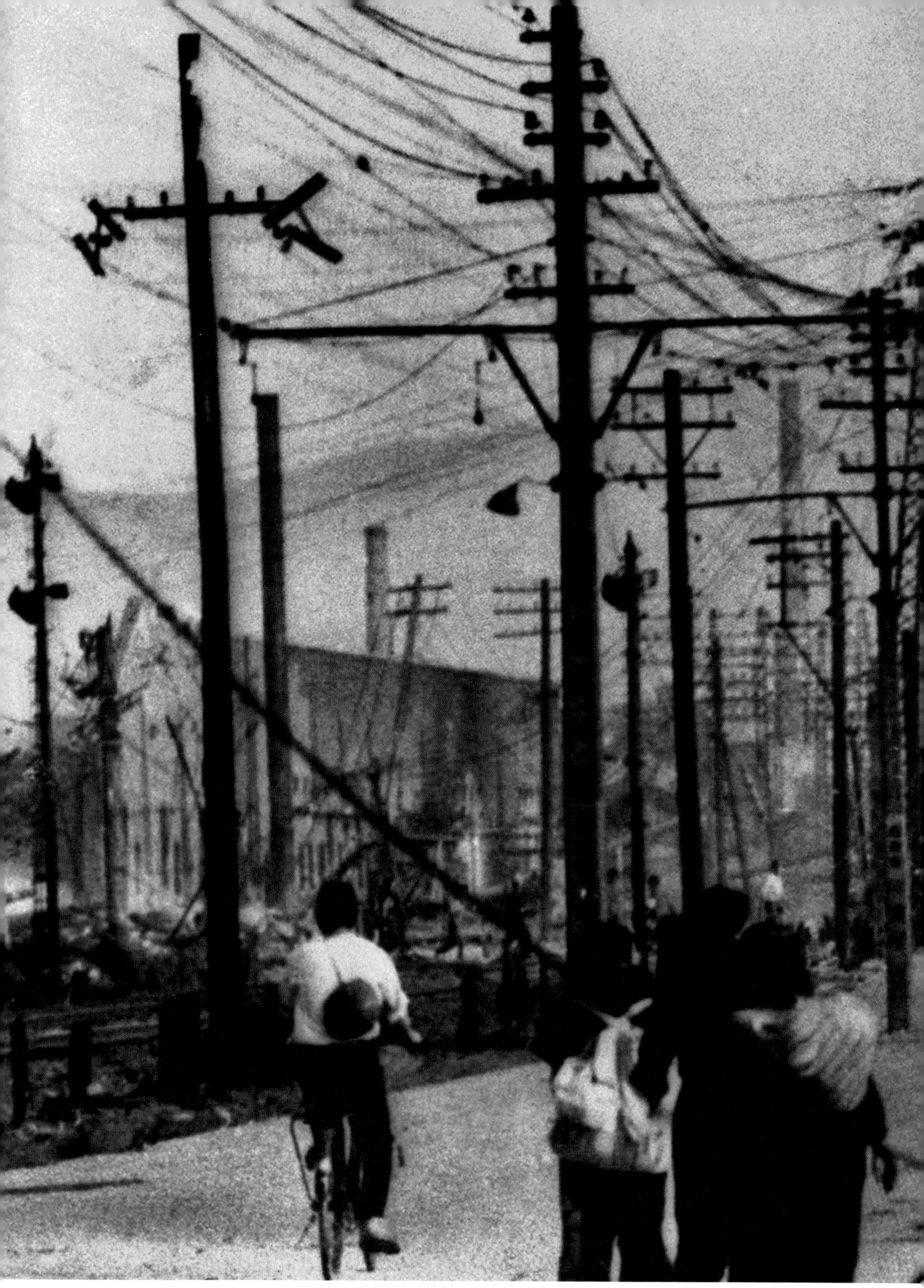

長崎駅前からやや北方の県道上。林立する電柱の向こう正面に三菱造船所幸町工場が見える。爆心地から南 1.9km 地点
= 1945 年 8 月 10 日朝、長崎市寿町付近（撮影：山端庸介）

On the prefectural road slightly north of the front of Nagasaki Station.
The Mitsubishi Heavy Industries Nagasaki Shipyard Saiwai-machi Plant can be seen opposite the front of the telegraph poles. 1.9 km south of the ground zero
= Morning of August 10, 1945 near Kotobuki-cho, Nagasaki City (Photo: Yosuke Yamahata)

長崎駅前広場北側での警防団救援活動。爆心地から南南東 2.4km 付近 = 1945 年 8 月 10 日朝、長崎市尾上町（撮影：山端庸介）
Civil defense unit performing relief works on the north side of the square in front of the Nagasaki Station. Around 2.4 km south-southeast of the ground zero = Morning of August 10, 1945 at Onoe-machi, Nagasaki City (Photo: Yosuke Yamahata)

左・三菱製鋼所第一工場鍛練工場。右は同第二工場。
県道を長崎駅方面に向かう男女。爆心地から南 1.1 ～ 1.2km
= 1945 年 8 月 10 日午前、長崎市岩川町付近（撮影：山端庸介）
On the left is the Forge of the Mitsubishi Steel Works No.1 Plant.
On the right is the No.2 Plant. A man and a woman head toward Nagasaki Station on the prefectural road. 1.1 to 1.2 km south of the ground zero = Morning of August 10, 1945 near Iwakawa-machi Nagasaki City (Photo: Yosuke Yamahata)

負傷した弟を背負い縁者を捜す兄。爆心地から南 2.2km
= 1945 年 8 月 10 日朝、長崎駅付近（撮影：山端庸介）
A boy carrying his injured younger brother on his back, searches for relatives. 2.2 km south of the ground zero = Morning of August 10, 1945 near Nagasaki Station, Nagasaki City (Photo: Yosuke Yamahata)

負傷した弟を背負い縁者を捜す兄。爆心地から南 2.2km ＝ 1945 年 8 月 10 日朝、長崎駅付近（撮影：山端庸介）
A boy carrying his injured younger brother on his back, searches for relatives. 2.2 km south of the ground zero
= Morning of August 10, 1945 near Nagasaki Station, Nagasaki City (Photo: Yosuke Yamahata)

県道を爆心地方面(浦上地区)から長崎駅方向へ向かう人々。
背後に薄っすらと見えるのは、西部ガス長崎支店のガスタンク＝1945年8月10日朝、長崎市八千代町付近(撮影：山端庸介)
People on the prefectural road heading toward Nagasaki Station, from the direction of the ground zero (Urakami district).
A gasholder of the Saibu Gas Nagasaki Branch can be seen faintly in the back = Morning of August 10,
1945 near Yachiyo-machi, Nagasaki City (Photo: Yosuke Yamahata)

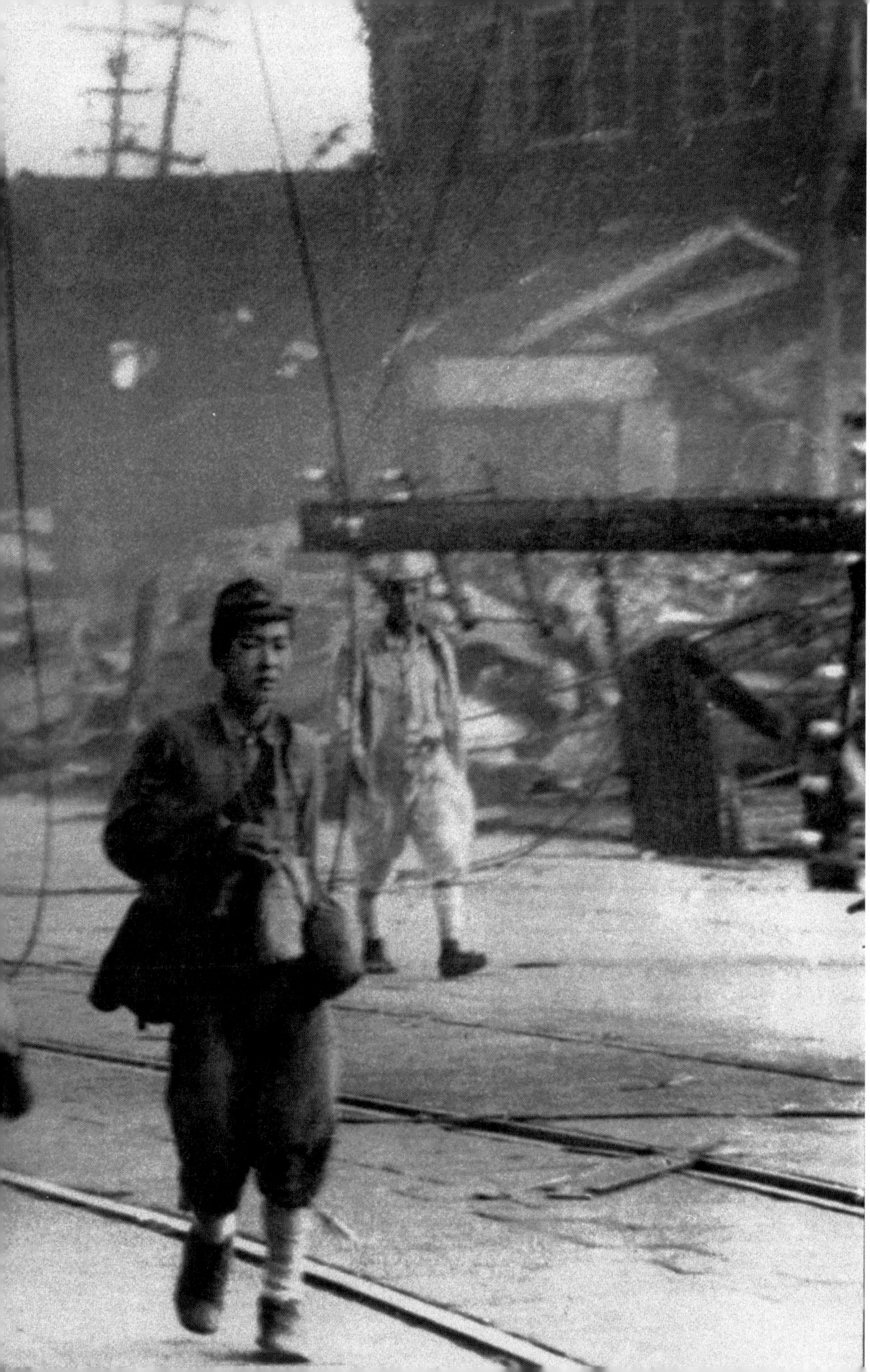

爆心地から南南東 1.5km ＝ 1945 年 8 月 10 日午前、長崎市銭座町 1 町目西端付近（撮影：山端庸介）
1.5 km south-southeast of the ground zero = Morning of August 10,
1945 near the western edge of 1-chome, Zenza-machi, Nagasaki City (Photo: Yosuke Yamahata)

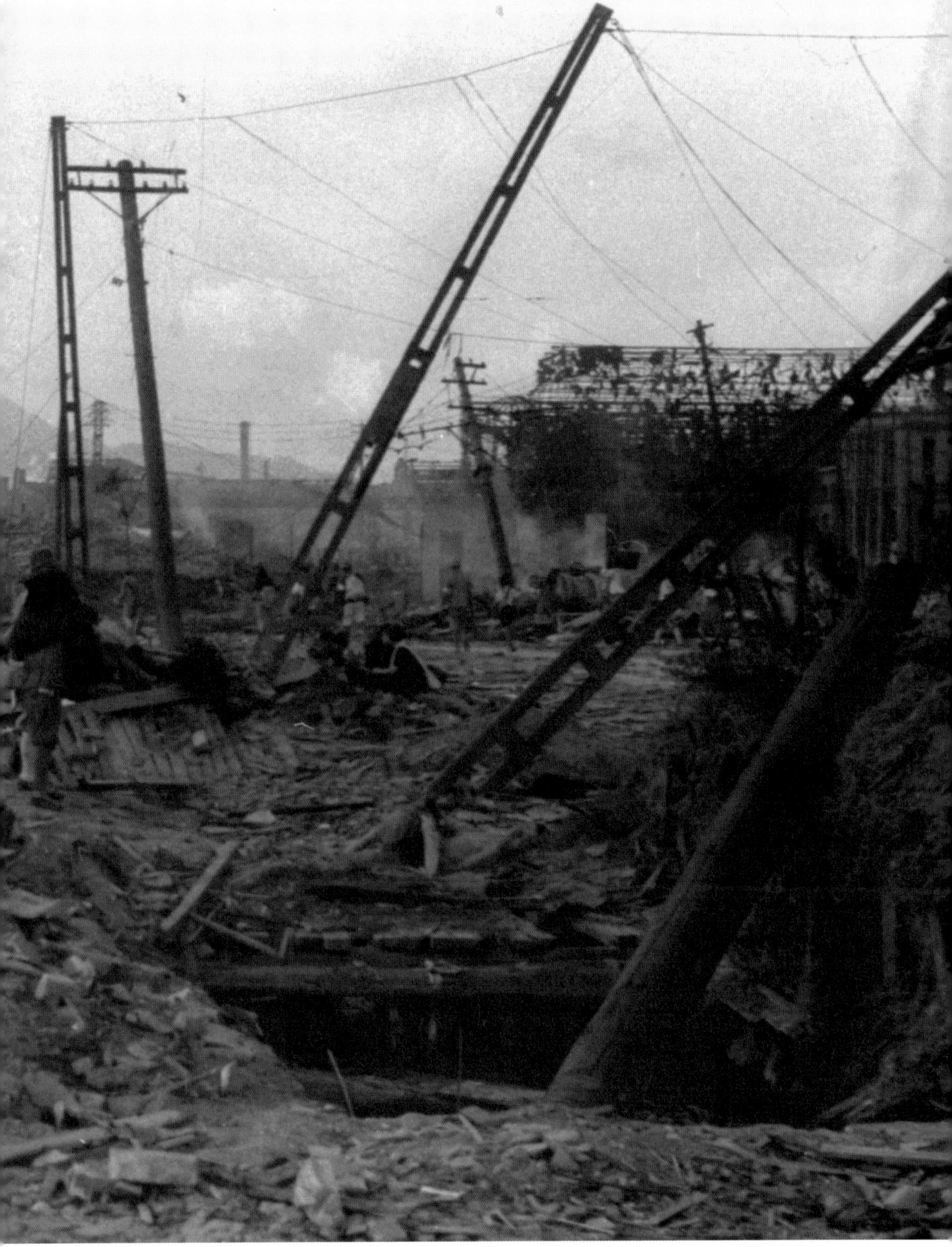

左が第一工場。右手コンクリート建てが第二工場事務所。
爆心地から 1.1 〜 1.2km = 1945 年 8 月 10 日昼頃、
長崎市目覚町から県道を経て三菱製鋼所を望む
（撮影：山端庸介）

View of the Mitsubishi Steel Works. To the left is the No.1
Plant. The concrete building on the right is the Office
of the the No.2 Plant. 1.1 to 1.2 km from the ground zero
= Around noon August 10, 1945 from Mezame-machi,
Nagasaki City through the prefectural road
(Photo: Yosuke Yamahata)

左が第一工場。右手コンクリート建てが第二工場事務所。
爆心地から 1.1 〜 1.2km = 1945 年 8 月 10 日昼頃、
長崎市目覚町から県道を経て三菱製鋼所を望む
（撮影：山端庸介）

View of the Mitsubishi Steel Works. To the left is the No.1
Plant. The concrete building on the right is the Office
of the the No.2 Plant. 1.1 to 1.2 km from the ground zero
= Around noon August 10, 1945 from Mezame-machi,
Nagasaki City through the prefectural road
(Photo: Yosuke Yamahata)

あまりの惨状に涙を拭う。爆心地から南 1km = 1945 年 8 月 10 日昼頃、長崎市岩川町付近県道わき（撮影：山端庸介）
Wiping away tears at this overwhelming devastation. 1 km south of the ground zero
= Around noon August 10, 1945 on the side of the prefectural road near Iwakawa-machi, Nagasaki City (Photo: Yosuke Yamahata)

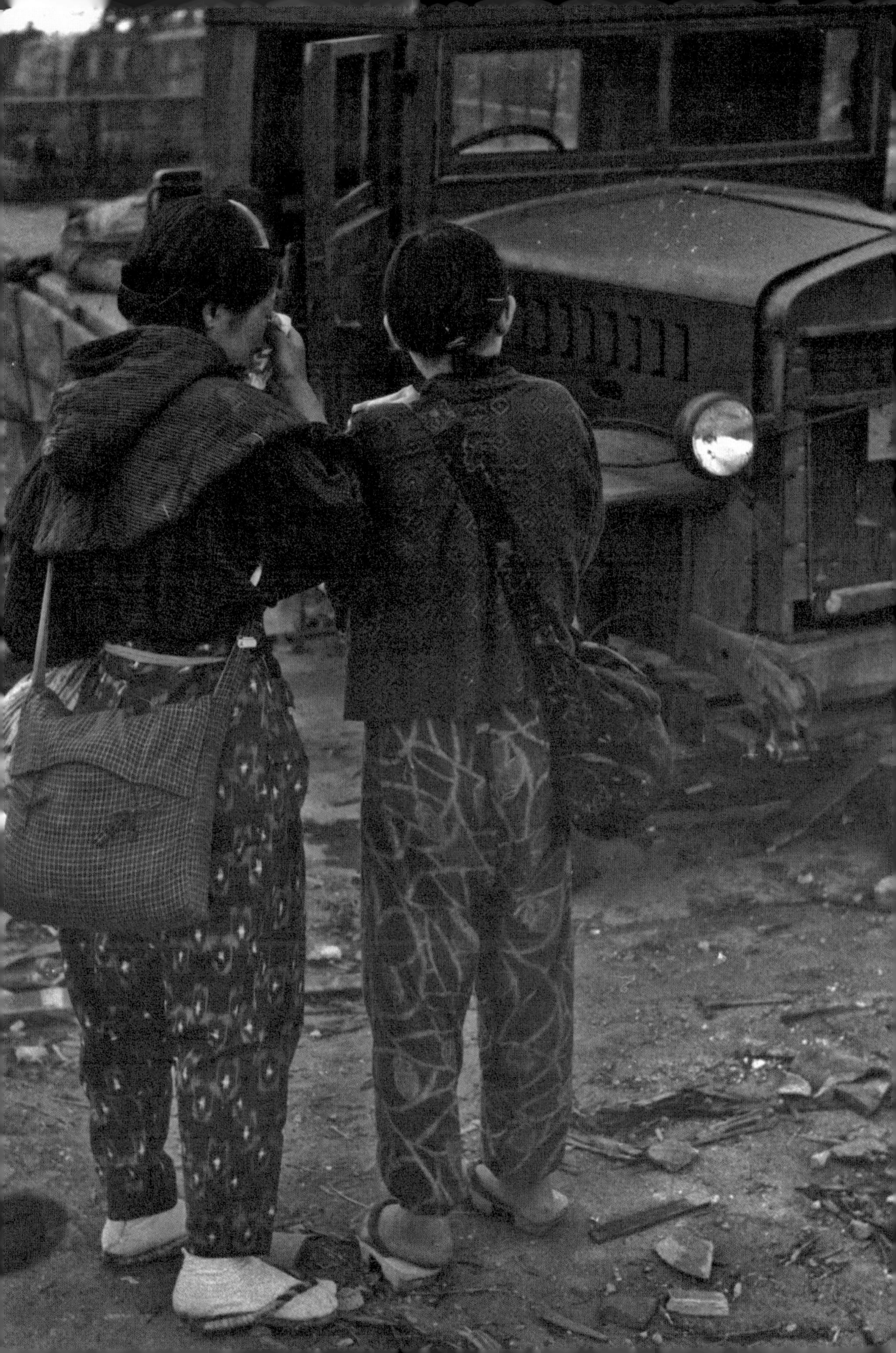

地面を這う老婆。爆心地から南1.2km＝1945年8月10日昼頃、長崎市茂里町と川口町の間、県道上で（撮影：山端庸介）
An elderly woman crawls on the ground. 1.2 km south of the ground zero = Around noon August 10, 1945 on the prefectural road between Mori-machi and Kawaguchi-machi, Nagasaki City (Photo: Yosuke Yamahata)

杖を突きなんとか立ち上がろうとする老婆。爆心地から南1.2km＝1945年8月10日昼頃、長崎市茂里町と川口町の境の県道上で（撮影：山端庸介）
An elderly woman, using a cane, tries hardly to stand. 1.2 km south of the ground zero = Around noon August 10, 1945 on the prefectural road on the border of Mori-machi and Kawaguchi-machi, Nagasaki City (Photo: Yosuke Yamahata)

地面を這う老婆。爆心地から南 1.2km ＝ 1945 年 8 月 10 日昼頃、長崎市茂里町と川口町の間、県道上で（撮影：山端庸介）

An elderly woman crawls on the ground. 1.2 km south of the ground zero = Around noon August 10, 1945 on the prefectural road between Mori-machi and Kawaguchi-machi, Nagasaki City (Photo: Yosuke Yamahata)

北方を望む。爆心地から南700m付近＝1945年8月10日昼過ぎ、長崎市岩川町付近県道から（撮影：山端庸介）

Northward view at around 700 meters south of the ground zero = Afternoon of August 10, 1945 at the prefectural road near Iwakawa-machi, Nagasaki City (Photo: Yosuke Yamahata)

042 | 043

爆風で吹き飛ばされた三輪車と運転手。爆心地から南南東6〜700m付近
＝1945年8月10日昼過ぎ、長崎市岩川町付近（撮影：山端庸介）

A three-wheeled vehicle and its driver, blown away by the blast wave.
Around 600 to 700 meters south-southeast of the ground zero
= Afternoon of August 10, 1945
near Iwakawa-machi, Nagasaki City (Photo: Yosuke Yamahata)

浦上駅プラットフォームで死んでいた母子。黒く見える部分は朱褐色で、子供の顔は腫れ上がっていた。
爆心地から南約1km = 1945年8月10日昼頃、長崎市岩川町（撮影：山端庸介）

A mother and a child lay dead on the platform of the Urakami Station. The stains black in this photo are actually reddish-brown, and the child's face was swollen.
Around 1km south of the ground zero = Around noon August 10, 1945 at Iwakawa-machi, Nagasaki City (Photo: Yosuke Yamahata)

熱線で焼かれた部分は黒く、子供の顔は腫れている。あまりの痛々しさに誰かが白布をかけて去った。
爆心地から南南東900m ＝ 1945年8月10日、長崎市浦上駅プラットホーム（撮影：山端庸介）

Parts of the body burned by the heat rays were blackened and the child's face was swollen. Someone who felt pity covered it with a white cloth and left.
900 meters south-southeast from the ground zero = August 10, 1945 on the platform of Urakami Station, Nagasaki City (Photo: Yosuke Yamahata)

救援活動。爆心地から南約1km＝1945年8月10日昼頃、長崎市岩川町南端・浦上駅前付近（撮影：山端庸介）
Relief works. Around 1 km south of the ground zero = Around noon August 10, 1945 at south end of Iwakawa-machi, Nagasaki City, near the front of Urakami Station (Photo: Yosuke Yamahata)

右手前の四角い穴は防空壕。後方の建物は長崎医科大学付属病院（現・長崎大学病院）。爆心地から南700m＝1945年8月10日昼頃、長崎市岩川町付近（撮影：山端庸介）

The square hole on the right front is an air raid shelter. The building in the distance is Nagasaki Medical College Hospital (currently Nagasaki University Hospital). 700 meters south of the ground zero = August 10, 1945 around noon, near Iwakawa-machi (Photo: Yosuke Yamahata)

県道から少し東に入った所にあった山王神社参道入口の一ノ鳥居。爆風方向と平行に立っていたため、倒壊をまぬがれた。
爆心地より南700m = 1945年8月10日昼過ぎ、長崎市岩川町付近（撮影：山端庸介）
The first Torii (entrance gate to the shrine) of Sanno Shrine, slightly east of the prefectural road.
 Standing in the same direction of the blast wave, it escaped being toppled over.
700 meters south of the ground zero = Afternoon of August 10, 1945 near Iwakawa-machi, Nagasaki City (Photo: Yosuke Yamahata)

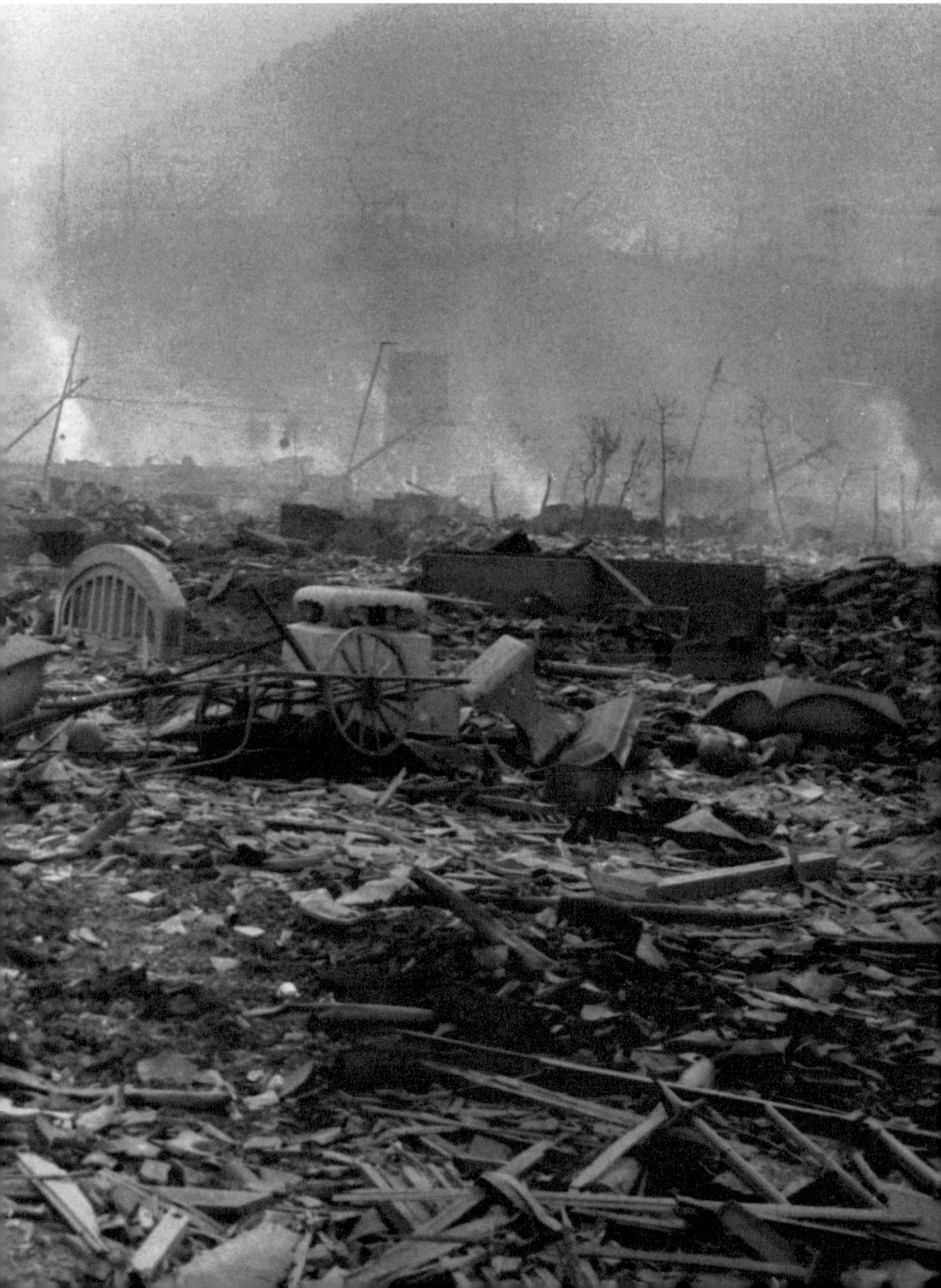

爆死した動員学徒。爆心地から南南東 500〜600m ＝ 1945 年 8 月 10 日昼過ぎ、長崎市浜口町付近（撮影：山端庸介）

A mobilized student killed in the explosion. 500 to 600 meters south-southeast of the ground zero = Afternoon of August 10, 1945 near Hamaguchi-machi, Nagasaki City (Photo: Yosuke Yamahata)

焼死体。後方の尖った壁は、三菱兵器浜口寮の防火壁。遠方の煙突は三菱製鋼所。爆心地から南 300m ＝ 1945 年 8 月 10 日昼過ぎ、長崎市浜口町付近（撮影：山端庸介）

A burnt corpse. Standing in the rear is a firewall of the Hamaguchi Dormitory of the Mitsubishi Heavy Industries Nagasaki Weapon Factory. The chimneys in the distance belong to Mitsubishi Steel Works. 300 meters south of the ground zero = Afternoon of August 10, 1945 near Hamaguchi-machi, Nagasaki City (Photo: Yosuke Yamahata)

荷車を曳いていた馬。爆心地から南南東 700m ＝ 1945 年 8 月 10 日昼頃、長崎市岩川町付近（撮影：山端庸介）

A horse dead while pulling a wagon. 700 meters south-southeast of the ground zero
= Around noon August 10, 1945 near Iwakawa-machi, Nagasaki City (Photo: Yosuke Yamahata)

救援活動。後方の建物は三菱製鋼第一、第三工場。爆心地から南 1km ＝ 1945 年 8 月 10 日昼頃、長崎市岩川町・浦上駅前付近（撮影：山端庸介）
Relief works. The buildings in the distance are the No.1 and N0.3 Plants of the Mitsubishi Steel Works. 1 km south of the ground zero
= Around noon August 10, 1945 at Iwakawa-machi, Nagasaki City, near the front of Urakami Station (Photo: Yosuke Yamahata)

焼死体のわきに、呆然と立ち尽くす若い女性。爆心地から南 300m 付近
＝ 1945 年 8 月 10 日昼過ぎ、長崎市浜口町北端付近（撮影：山端庸介）

A young woman stands in a daze next to a burnt corpse. Around 300 meters south of the ground zero
= Afternoon of August 10, 1945 near the northern edge of Hamaguchi-machi, Nagasaki City (Photo: Yosuke Yamahata)

052 | 053

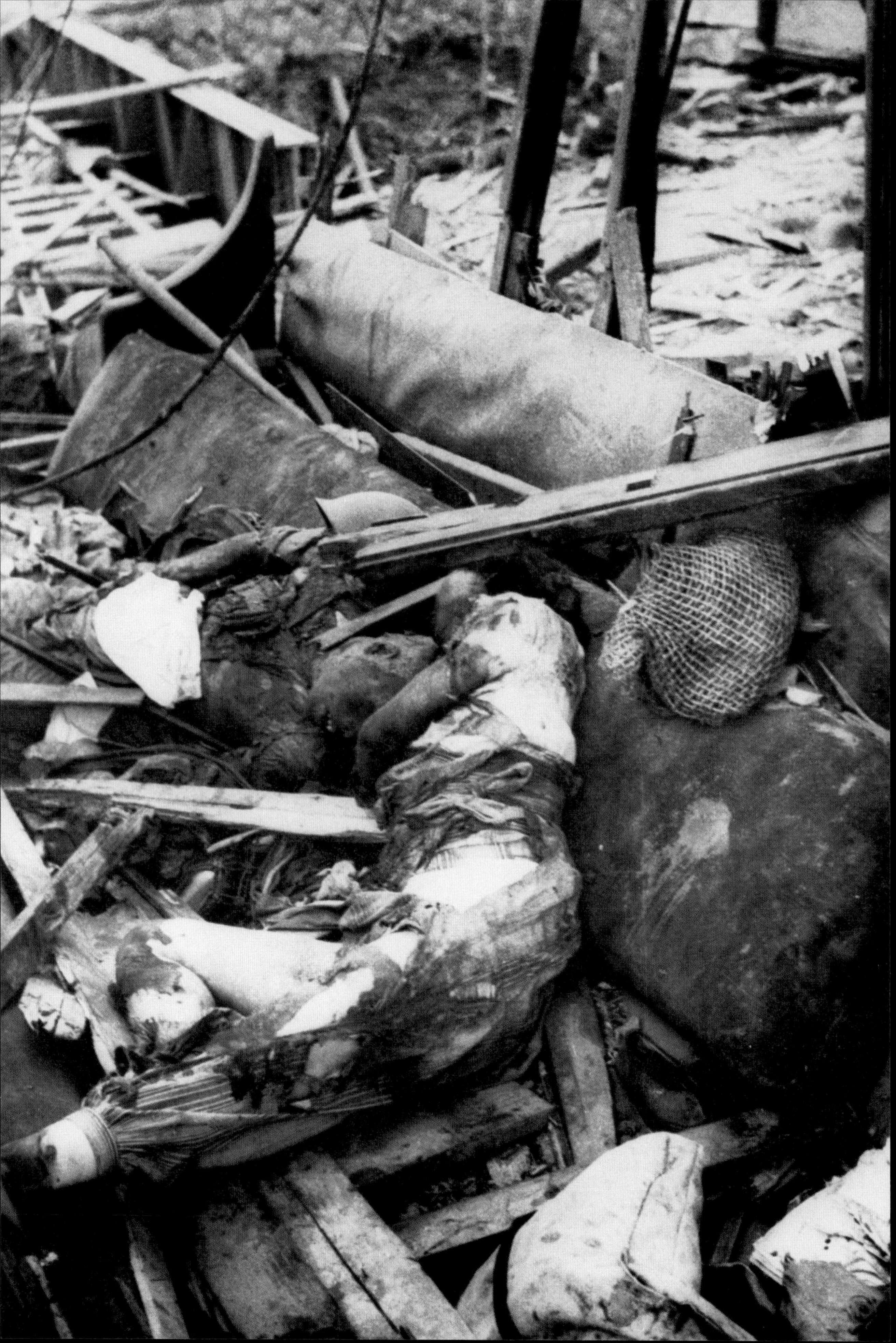

焼死体＝ 1945 年 8 月 10 日午後 1 〜 2 時頃、
長崎の爆心地付近（撮影：山端庸介）

Burnt corpse = 1:00 to 2:00 pm August 10, 1945
near the ground zero, Nagasaki City
(Photo: Yosuke Yamahata)

県道沿いの北端、小高い丘の上
（爆心地から南約 250m）から南方向を見下ろす。
左下の戦闘帽を被った人は山端に同行した
画家・山田栄二さん
＝ 1945 年 8 月 10 日午後 1 時頃、長崎市浜口町
（撮影：山端庸介）

Southward view from the north edge of a
prefectural road on a low hill. 250 meters south of
the ground zero. The man wearing a field cap
on the bottom left is a painter,
Eiji Yamada, who accompanied the photographer
= Around 1:00 pm August 10, 1945
at Hamaguchi-machi, Nagasaki City
(Photo: Yosuke Yamahata)

焼死体。爆風で飛ばされ、電話線の下敷きになっていた
＝ 1945 年 8 月 10 日午後 1 〜 2 時頃、長崎の爆心地付近（撮影：山端庸介）

A burnt corpse. Blown away by the blast wave, the body is covered by telephone cables
= 1:00 to 2:00 pm August 10, 1945 near the ground zero,
Nagasaki City (Photo: Yosuke Yamahata)

破壊された市内電車の内部に、兵隊と女性だけが取り残されて死んでいた。
他の乗客は全部車外に放り出されていた。
爆心地から南南西約 250m 地点＝ 1945 年 8 月 10 日午後 1 〜 2 時頃、
長崎市電停・浜口町から松山町の中間、下ノ川鉄橋南際の軌道上で（撮影：山端庸介）

A soldiers and a woman left dead in the destroyed tram car. All other passengers were
ejected from the car. Around 250 meters south-southwest of the ground zero
= 1:00 to 2:00 pm August 10, 1945 on the track of the southern edge of
the Shimono-kawa railway bridge between the tram stops of Hamaguchi-machi
and Matsuyama-machi, Nagasaki City (Photo: Yosuke Yamahata)

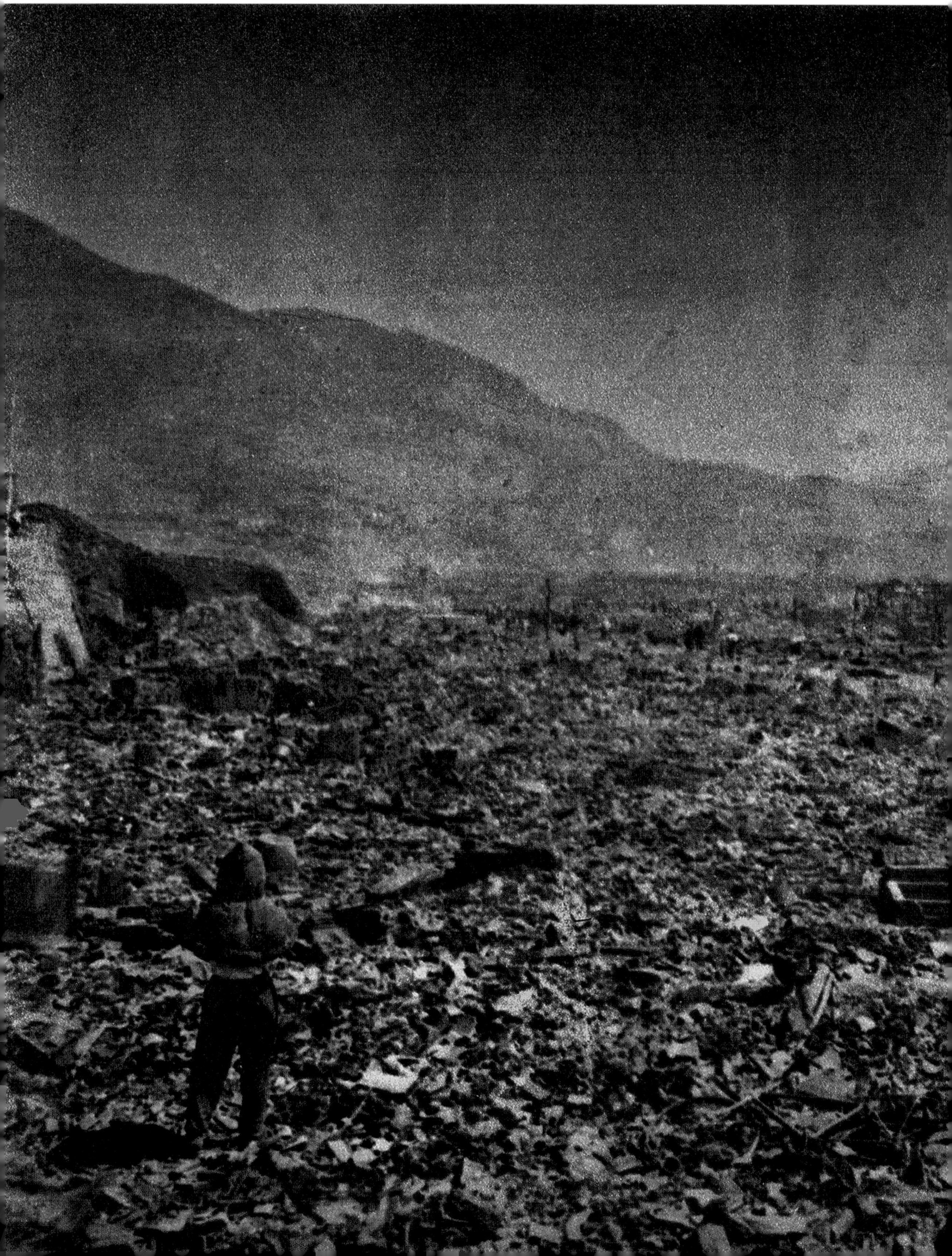

三菱球場西側・長崎本線と平行に走る
長崎市電線路際から南南東方面を望む。
右下端は軌道敷の土手。
左遠方に三菱兵器浜口寮の残った壁が見える。
爆心地から南南西約 400 〜 500m
＝ 1945 年 8 月 10 日午後 1 〜 2 時頃
（撮影：山端庸介）

View toward south-southeast from the edge of
the City tram rail running parallel to the Nagasaki
Main line, west of the Mitsubishi Baseball Park.
The mound in the bottom right corner is
for the tram track. The remaining walls of
the Mitsubishi Heavy Industries Nagasaki Weapon
Factory Hamaguchi Dormitory can be seen
on the left in the distance.
Around 400 to 500 meters south-southwest of the
ground zero = 1:00 to 2:00 pm August 10, 1945
(Photo: Yosuke Yamahata)

北部高台（爆心地から南南東約 250m）から
爆心地方向を望む。
右遠方の丘は浦上刑務所の丘
＝ 1945 年 8 月 10 日午後 1 時頃、長崎市浜口町
（撮影：山端庸介）

View of the ground zero from an elevation in
the north. 250 meters south-southeast of
the ground zero. The hill on the right
in the distance is that of the Urakami Prison
= Around 1:00 pm August 10, 1945
at Hamaguchi-machi , Nagasaki City
(Photo: Yosuke Yamahata)

浜口町の北端、県道すぐ東側（爆心地から南約 250m）から南南東方面を望む
＝ 1945 年 8 月 10 日午後 1 時頃、長崎市浜口町（撮影：山端庸介）

View toward south-southeast from a position immediately east of the prefectural road at the northern edge of Hamaguchi-machi, Nagasaki City.
250 meters south of the ground zero = Around 1:00 pm August 10, 1945 at Hamaguchi-machi, Nagasaki City (Photo: Yosuke Yamahata)

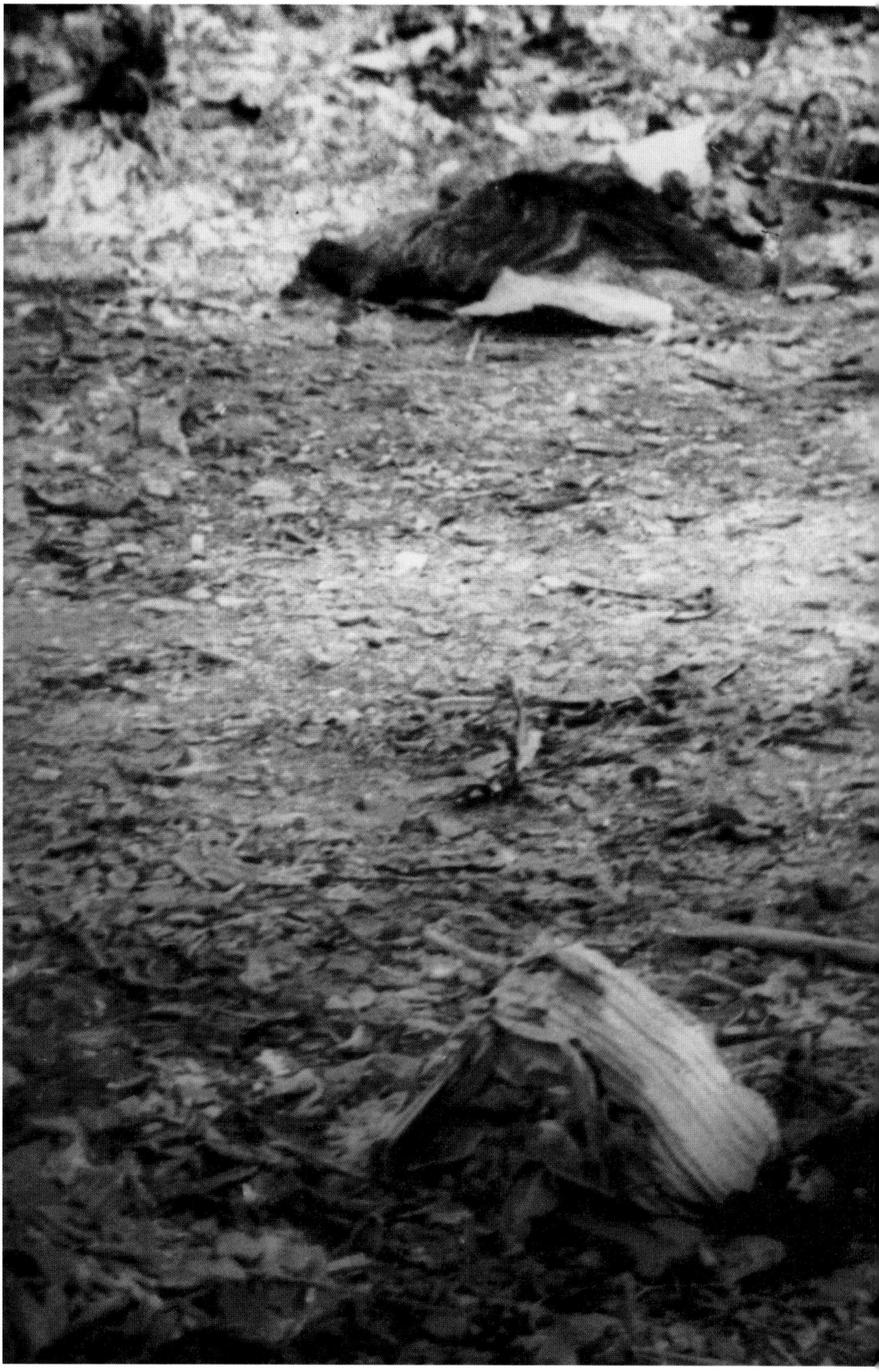

県道沿いの北端・下ノ川橋のすぐ南側の状況。手前の白いシャツの男の人は、遺骨を探しているのだろうか。
爆心地から南約300m = 1945年8月10日午後1時頃、長崎市浜口町（撮影：山端庸介）

View of the northern edge of the prefectural road, just south of Shimono-kawa Bridge. The man in white shirt in front could be searching for remains.
300 meters south of the ground zero = Around 1:00 pm August 10, 1945 at Hamaguchi-machi, Nagasaki City (Photo: Yosuke Yamahata)

県道すぐ東側の高台（爆心地から南約250m）から南方を望む。県道を人々が行き交っている。
左端に三菱兵器浜口寮の残った壁の立っているのが見える＝1945年8月10日午後1時頃、長崎市浜口町（撮影：山端庸介）

Southward view from an elevation (around 250 meters south of the ground zero) just east of a prefectural road. People walking around the road. The remaining walls of the Mitsubishi Heavy Industries Nagasaki Weapon Factory Hamaguchi Dormitory can be seen standing on the left edge = Around 1:00 pm August 10, 1945 at Hamaguchi-machi, Nagasaki City (Photo: Yosuke Yamahata)

市街電車は爆風で崩壊し、吹き上げられた屋根が
架線の電柱に引っ掛かっている。
爆心地から南南西約 250m 地点
＝ 1945 年 8 月 10 日午後 1 〜 2 時頃、
電停・浜口町から松山町の中間、
下ノ川鉄橋南際の軌道上で（撮影：山端庸介）

The tram car collapsed by the blast wave. Its roof was blown off and is hanging from the aerial wiring of a telegraph pole. 250 meters south-southwest of the ground zero = 1:00 to 2:00 pm August 10, 1945 on the track of the southern edge of the Shimono-kawa railway bridge between the tram stops of Hamaguchi-machi and Matsuyama-machi, Nagasaki City (Photo: Yosuke Yamahata)

県道沿いの北端、小高い丘の上（爆心地から南約250m）から南南東を望む。丘の向こうの建物は、長崎医大付属病院。
爆心地南500m圏＝1945年8月10日午後1時頃、長崎市浜口町（撮影：山端庸介）

South-southeast view from the northern edge of the prefectural road, on a low hill around 250 meters south of the ground zero.
The building opposite the hill is Nagasaki Medical College Hospital. 500 meters south of the ground zero = Around 1:00 pm August 10, 1945
at Hamaguchi-machi, Nagasaki City (Photo: Yosuke Yamahata)

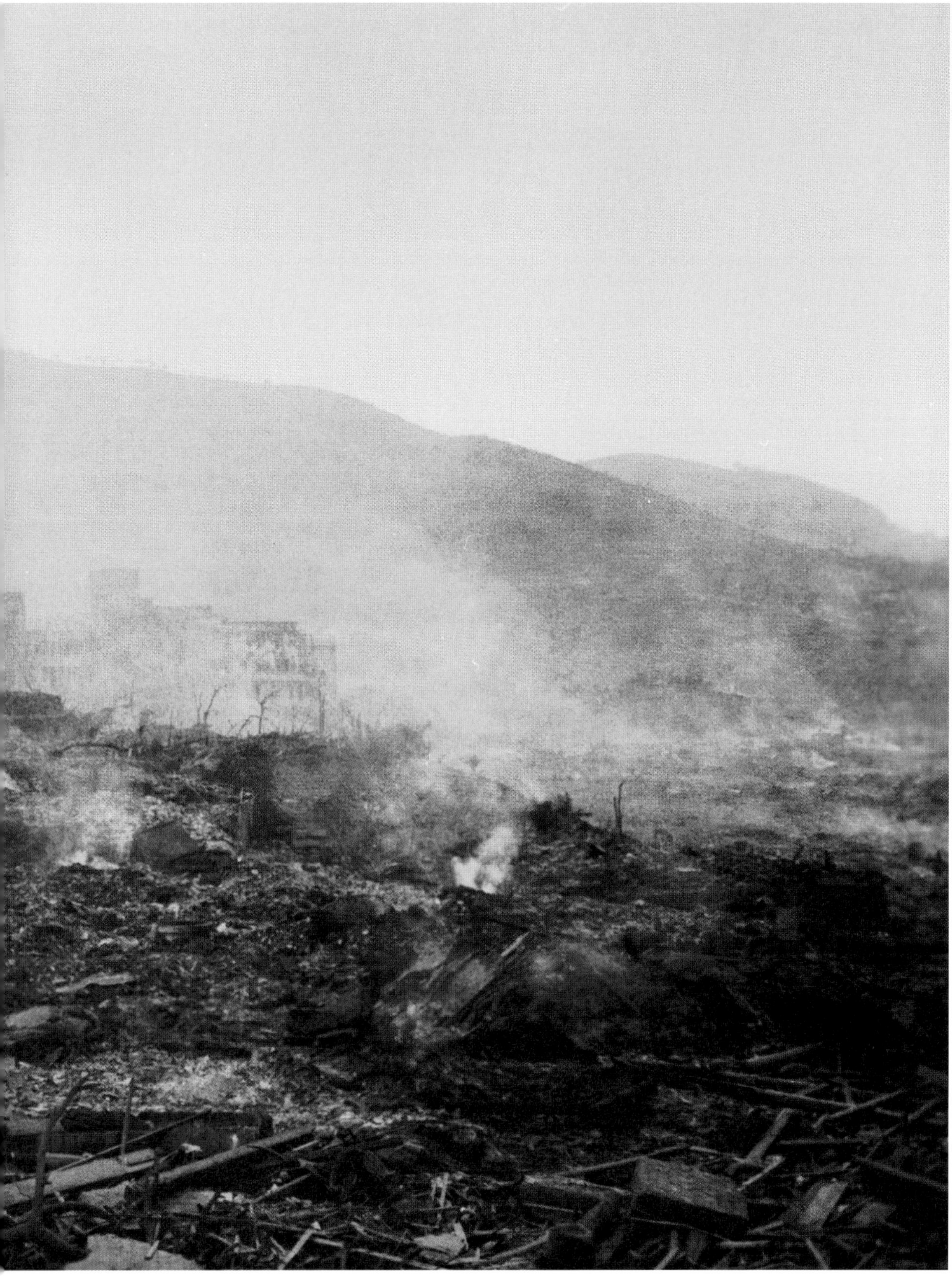

爆心地の直ぐ北から北北西の一帯。ほぼ中央が松山町交差点。右遠方の丘の上の建物は鎮西学院。
中央最遠方の煙突は三菱製鋼所。爆心地は松山町70番地、原爆はこの上空500±10mで炸裂した
＝1945年8月10日午後2時頃、長崎市松山町（撮影：山端庸介）

View of the north and the north-northwest of the ground zero.
At the center is the Matsuyama-machi intersection.
The building on the hill (back right) is a private school named Chinzei Gakuin.
The chimney in the center back belonged to the Mitsubishi Steel Works.
The ground zero is at 70-banchi, Matsuyama-machi.
The atomic bomb exploded 500 ± 10 meters above this place
= Around 2:00 pm August 10, 1945 at Matsuyama-machi,
Nagasaki City (Photo: Yosuke Yamahata)

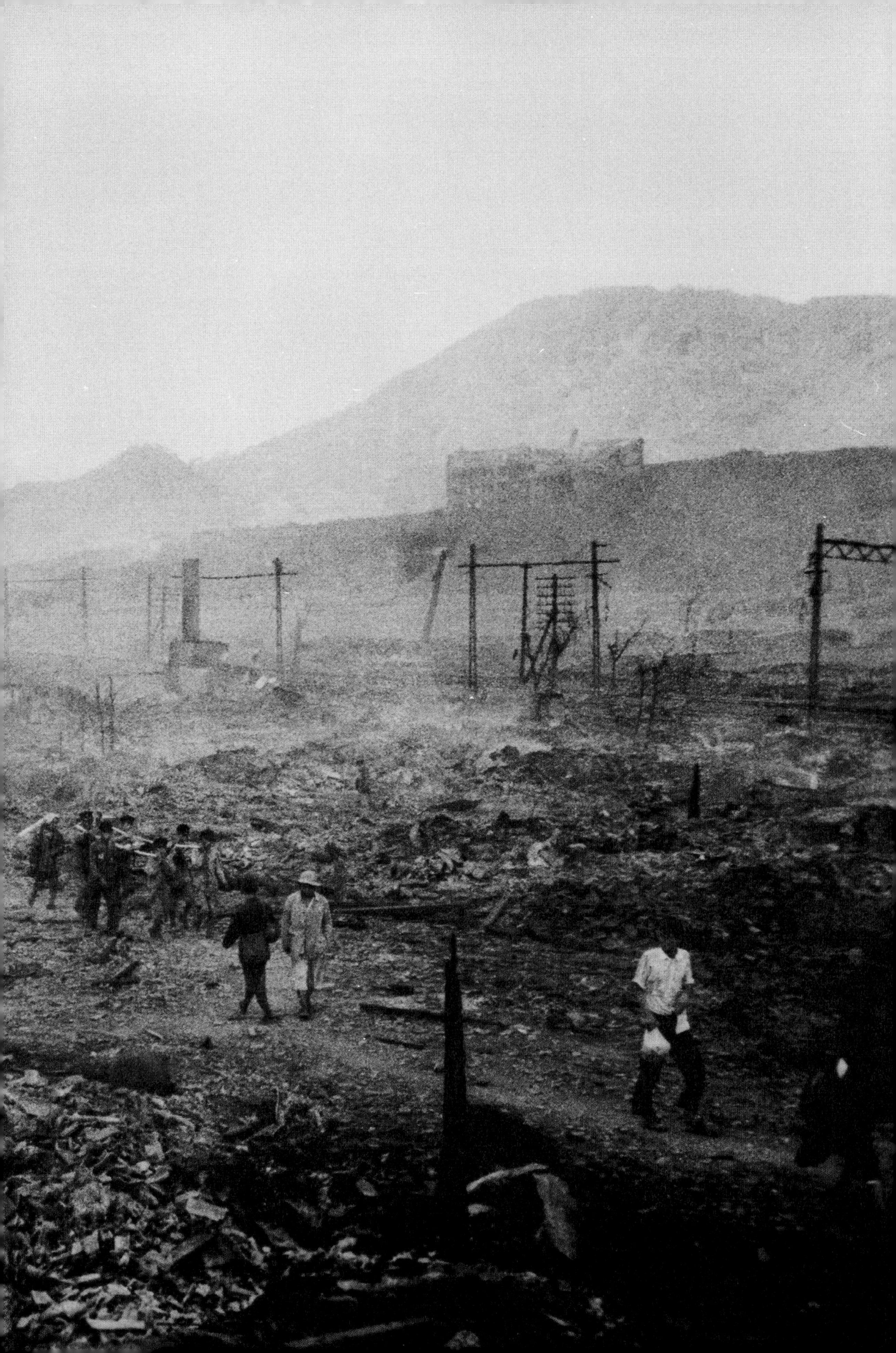

右後方長崎電鉄の軌道背後の丘の上の建物は鎮西学院。
左手煙突は長崎製鋼所。
中央部に担架で人をかついでいる学生救護義勇隊らしい一団がみえる
＝ 1945 年 8 月 10 日、爆心地・長崎市松山町交差点一帯
（撮影：山端庸介）
The building on a hill behind the rails of the Nagasaki Electric Tramway on the right back is a private school named Chinzei Gakuin.
The chimney of the Nagasaki Steel Works is on the left. In the center, a group, probably student volunteers for relief works, carrying a person on a stretcher = August 10, 1945 at Matsuyama-machi intersection near the ground zero (Photo: Yosuke Yamahata)

水道管が破れて猛烈に水を吹きあげている。二人の人影は知人をさがしているようだった。背後の聖徳寺も倒壊、
一面の焼土はまだくすぶって煙をあげていた＝ 1945 年 8 月 10 日、長崎市井樋ノ口の橋（爆心地より南南東へ 1.4km）付近（撮影：山端庸介）
A broken water pipe splashing water all over. Two people might be looking for acquaintances.
Shotoku Temple, in the back, was destroyed and still smoldering all around
= August 10, 1945 at a bridge at Ibinokuchi, Nagasaki City (1.4 km south-southeast of the ground zero) (Photo: Yosuke Yamahata)

爆心地から道ノ尾へ向かう途中およそ 2km ほどの地点に大きな人家があった。
家の中は家具や建具が爆風ですべて一方に寄り、まるで長い間空き家になっていたようにガランとしていた。
その縁側に少年が日なたぼっこをしているように死んでいた
＝ 1945 年 8 月 10 日午後、長崎市北方近郊（撮影：山端庸介）
A big house located at approximately 2 km towards Michinoo from the ground zero.
All of the furniture and fittings were blown to one side by the blast wave, creating empty space.
It looks like a abandoned house for a long time. A small boy lies dead on the verandah as if he was basking in the sun
= Afternoon of August 10, 1945 at northern outskirts of Nagasaki City (Photo: Yosuke Yamahata)

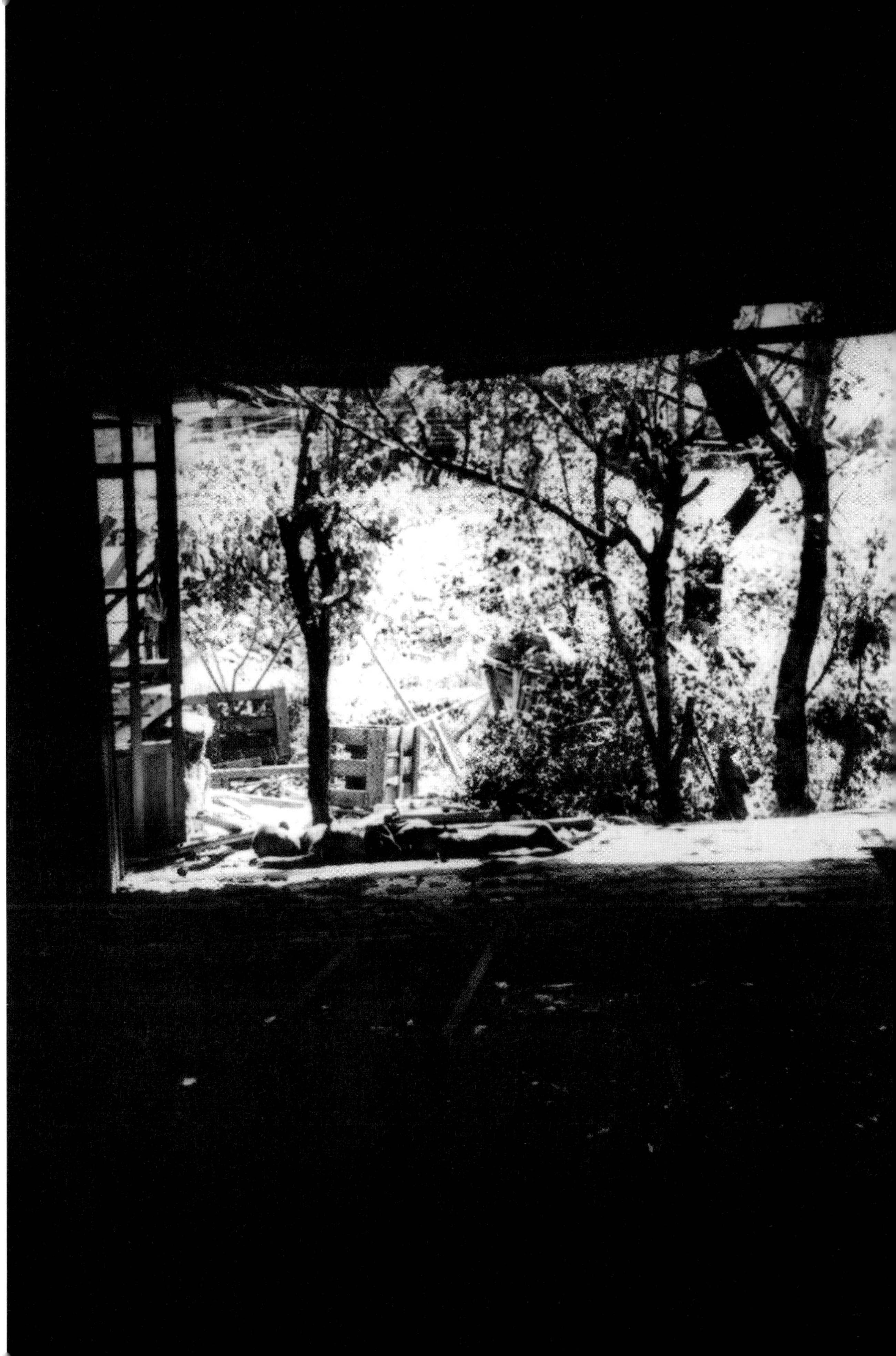

幼児の焼死体＝1945年8月10日午後2時過ぎ、長崎市（撮影：山端庸介）

The burnt corpse of an infant = Just past 2:00 pm August 10, 1945, Nagasaki City (Photo: Yosuke Yamahata)

幼児の焼死体＝1945年8月10日午後2時過ぎ、長崎市
（撮影：山端庸介）

The burnt corpse of an infant = Just past 2:00 pm August 10, 1945, Nagasaki City (Photo: Yosuke Yamahata)

爆心地北側の丘より西南西を望む。丘の上の建物は、鎮西学院
＝1945年8月10日午後2時過ぎ、
長崎市松山町爆心地付近（撮影：山端庸介）

View of the west-southwest direction from a hill at the north of the ground zero. The building on the hill is a private school named Chinzei Gakuin
= Just past 2:00 pm August 10, 1945 near the ground zero at Matsuyama-machi, Nagasaki City (Photo: Yosuke Yamahata)

爆心地を見下ろす丘の中腹から望遠レンズで南方を望む。
木の左30m辺りが爆心地。遠方の煙突は三菱製鋼所。
爆心地は松山町70番地、原爆はこの上空500±10mで炸裂した
＝1945年8月10日午後2時過ぎ、長崎市浦上刑務所の丘（撮影：山端庸介）

Southward view through a telescopic lens from a hillside looking down the ground zero. 30 meters left of the tree is the ground zero.
The chimneys in the distance belong to Mitsubishi Steel Works.
The ground zero is at 70-banchi, Matsuyama-machi, Nagasaki City.
The atomic bomb exploded 500 ± 10 m in the air above this location
= Just past 2:00 pm August 10, 1945 at the Urakami Prison hill
(Photo: Yosuke Yamahata)

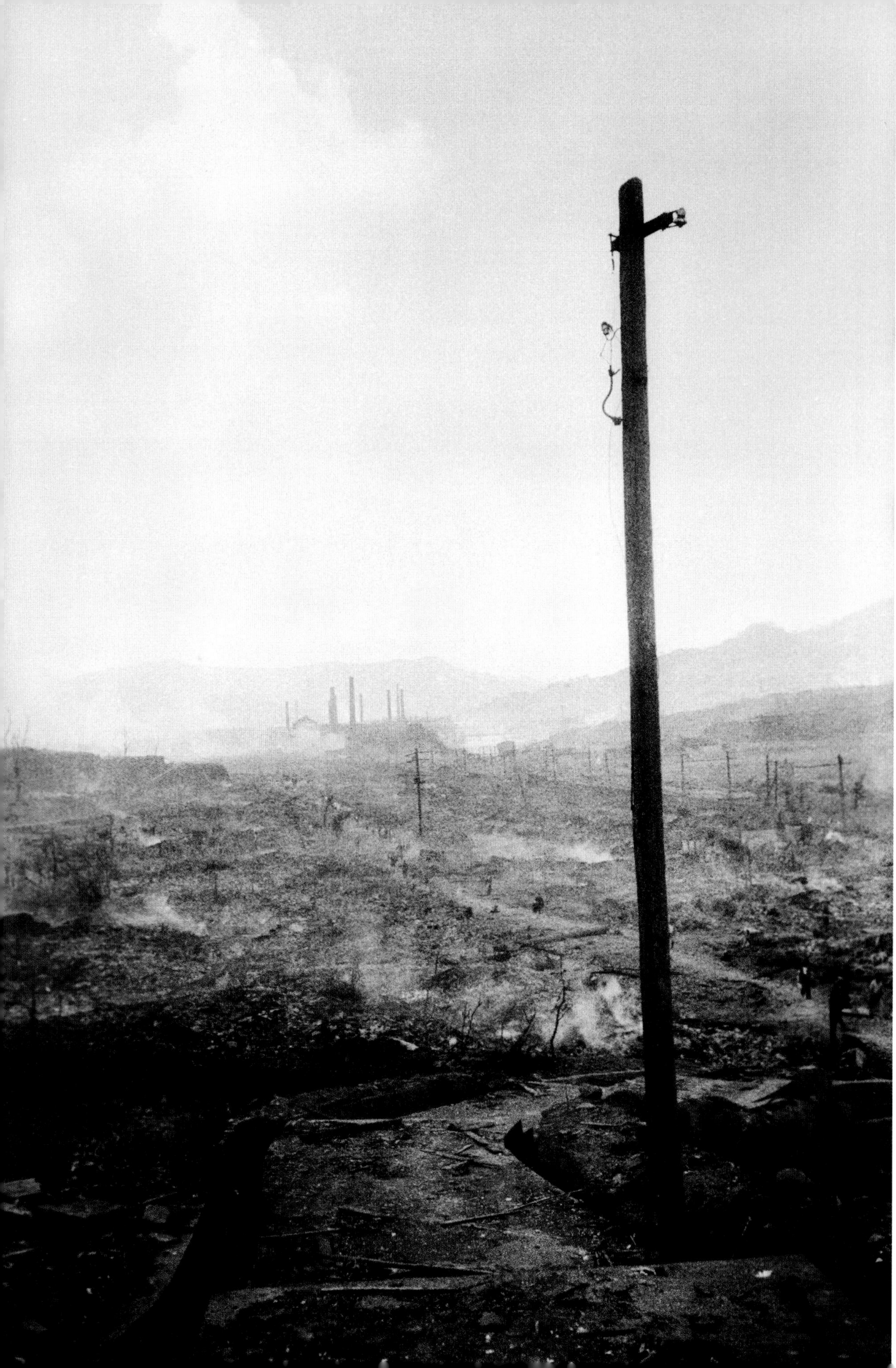

爆心地の直ぐ北側の丘の中腹
（爆心地からは北西約100mの地点）から
南南東方面を望む。
見下ろした中央部のやや白く見える所が、
爆心地。長崎市松山町70番地、
原爆はこの上空500±10mで炸裂した。
爆心地は、テニスコートだった所で、
当時は芋畠になっていたと伝えられている
＝1945年8月10日午後2時頃、
浦上刑務所の丘（撮影：山端庸介）

View of south-southeast from the Urakami Prison hill, 100 meters northwest of the ground zero. The slightly white area below is the ground zero (70-banchi, Matsuyama-machi, Nagasaki City). The atomic bomb exploded 500 ± 10 meters in the air above this location. It is said that the ground zero, once was a tennis court, was used as a potato field at the time of of the blast = Around 2:00 pm August 10, 1945, Nagasaki City (Photo: Yosuke Yamahata)

爆心地を見下ろす丘（浦上刑務所の丘）の
中腹から南方を望む。
コンクリートの道は、現在の国際平和公園に
松山町交差点から登る石段の途中。
爆心地は松山町70番地、
原爆はこの上空500±10mで炸裂した
＝1945年8月10日午後2時頃、
長崎市松山町（撮影：山端庸介）

View of south-southeast from
the Urakami Prison hill, 100 meters northwest of the ground zero. The slightly white area below is the ground zero (70-banchi, Matsuyama-machi, Nagasaki City). The atomic bomb exploded 500 ± 10 meters in the air above this location = Around 2:00 pm August 10, 1945, Nagasaki City (Photo: Yosuke Yamahata)

爆心地を見下ろす丘（浦上刑務所の丘）の中腹から南方を望む。電柱は爆心のほぼ直下だったため、真上からの爆風で、立ったままになっている。手前コンクリートの道は、現在の国際平和公園に松山町交差点から登る石段の途中＝1945年8月10日午後2時頃、長崎市松山町（撮影：山端庸介）

Southward view from the Urakami Prison hill, looking down at the ground zero. The telegraph pole still stands because the explosion occured almost directly above this place. The paved street in front is part of the stone steps climbing up from the Matsuyama-machi intersection to now Nagasaki Peace Park = Around 2:00 pm August 10, 1945 at Matsuyama-machi, Nagasaki City (Photo: Yosuke Yamahata)

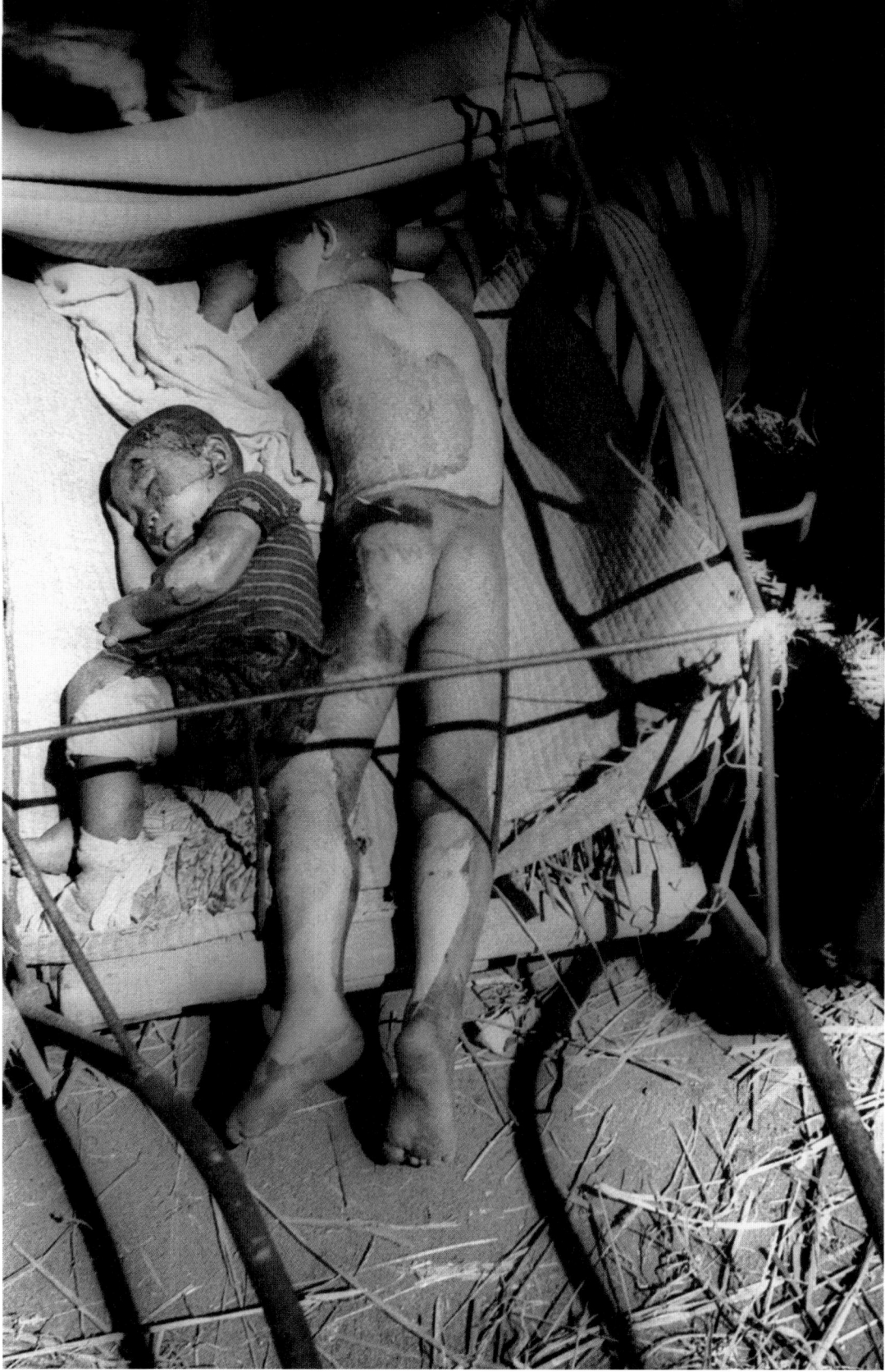

リヤカーでたどり着いた少年。全身やけどをしていた。
爆心地から北方 3.6km = 1945 年 8 月 10 日午後 3 時過ぎ、長崎本線・道ノ尾駅前（撮影：山端庸介）

Two young boys arrive on a two-wheeled cart. Their entire bodies burned. 3.6 km north of the ground zero
= Just past 3:00 pm August 10th, 1945 in front of the Michinoo Station of the Nagasaki Main line (Photo: Yosuke Yamahata)

臨時救護所で手当てをする看護婦。爆心地から北方 3.6km = 1945 年 8 月 10 日午後 3 時過ぎ、長崎本線・道ノ尾駅前（撮影：山端庸介）

A nurse providing treatment at an emergency aid station. 3.6 km north of the ground zero = Just past after 3:00 pm August 10, 1945 in front of Michinoo Station of the Nagasaki Main line (Photo: Yosuke Yamahata)

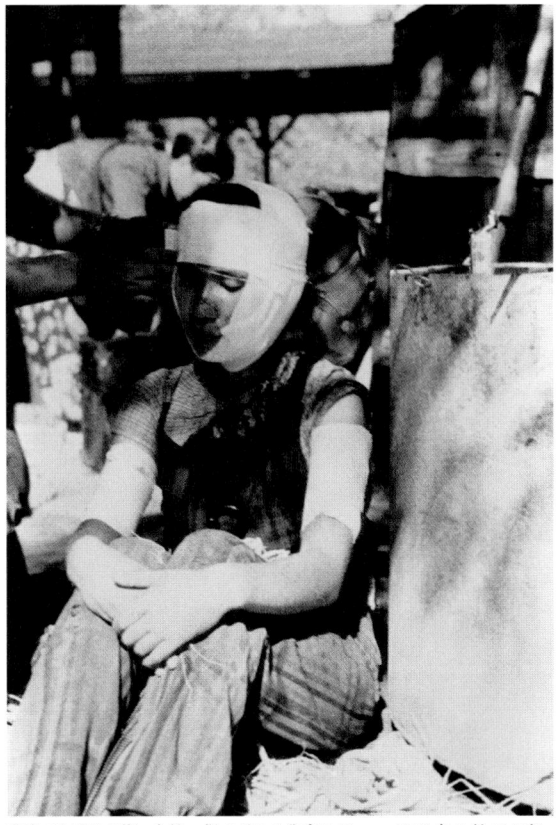

手当てを受ける若い女性。爆心地から北方 3.6km = 1945 年 8 月 10 日午後 3 時過ぎ、長崎本線・道ノ尾駅前（撮影：山端庸介）

A young woman receiving treatment at an emergency aid station. 3.6 km north of the ground zero = Just past after 3:00 pm August 10, 1945 in front of Michinoo Station of the Nagasaki Main line (Photo: Yosuke Yamahata)

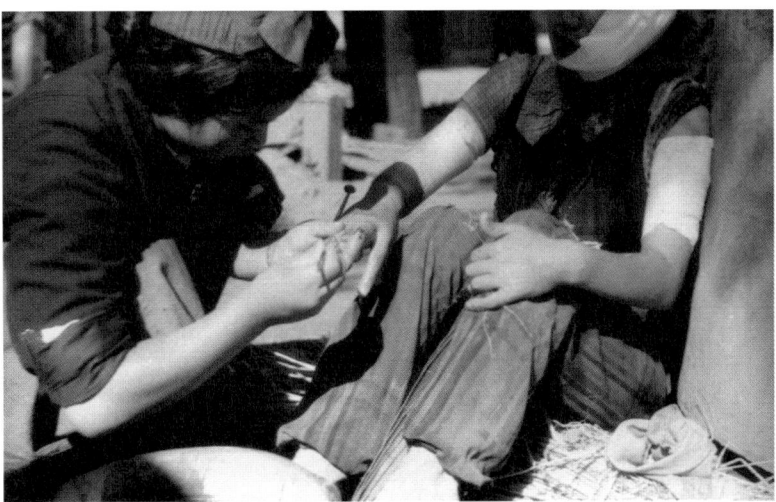

臨時救護所で手当てをする看護婦。
爆心地から北方 3.6km
= 1945 年 8 月 10 日午後 3 時過ぎ、
長崎本線・道ノ尾駅前（撮影：山端庸介）

A nurse providing treatment at an emergency aid station. 3.6 km north of the ground zero = Just past 3:00 pm August 10, 1945 in front of Michinoo Station of the Nagasaki Main line (Photo: Yosuke Yamahata)

臨時救護所で背中の火傷にチンク油を塗って手当てをする看護婦と医師。汗をぬぐう暇もなかった。
爆心地から北方 3.6km＝1945 年 8 月 10 日午後 3 時過ぎ、長崎本線・道ノ尾駅前（撮影：山端庸介）

A nurse and doctor applying zinc oil to burns on a patient's back at an emergency aid station.
They have no room to wipe the sweat from their brow. 3.6 km north of the ground zero = Just past 3:00 pm August 10, 1945
in front of Michinoo Station of the Nagasaki Main line (Photo: Yosuke Yamahata)

木造家屋の被害。爆心地から北へ 2km 付近。
この二階建ての建物は、長崎市役所西浦上出張所
＝ 1945 年 8 月 10 日午後 3 時前、長崎市東北郷付近（撮影：山端庸介）

A damaged wooden house. Around 2 km north of ground zero.
This two-story building is the Nagasaki City Municipal Office
Nishi-urakami Branch = Just before 3:00 pm August 10, 1945
near Higashi-kitago, Nagasaki City (Photo: Yosuke Yamahata)

木造家屋の被害。爆心地から北へ 2km 付近
＝ 1945 年 8 月 10 日午後 3 時前、長崎市東北郷付近（撮影：山端庸介）

A damaged wooden house. Around 2 km north of the ground zero
= Just before 3:00 pm August 10, 1945 near Higashi-kitago, Nagasaki City
(Photo: Yosuke Yamahata)

木造家屋の被害。爆心地から北へ 2km 付近
＝ 1945 年 8 月 10 日午後 3 時前、長崎市東北郷付近（撮影：山端庸介）

A damaged wooden house. Around 2 km north of the ground zero
= Just before 3:00 pm August 10, 1945 near Higashi-kitago,
Nagasaki City (Photo: Yosuke Yamahata)

手前のさといも畑の葉が、熱線でちぢれている。
左の二階建ての建物は、長崎市役所西浦上出張所
＝ 1945 年 8 月 10 日午後 3 時前、長崎市東北郷付近（撮影：山端庸介）

The leaves of taro at the field in front has curled up due to the exposure to
heat rays. The two-story building on the left is the Nagasaki Municipal Office
Nishi-urakami Branch = Just before 3:00 pm August 10, 1945
near Higashi-kitago, Nagasaki City (Photo: Yosuke Yamahata)

幼児を背負い、ぼうぜんとたたずむ女性。
抱えた鍋は、亡くなった家族の遺骨を拾うためだったと
後に語った＝1945年8月10日、長崎市（撮影：山端庸介）

A woman stands in a daze, with an infant strapped to
her back. She later explained that the pot she was
holding was for gathering the remains of her family members
= August 10, 1945, Nagasaki City (Photo: Yosuke Yamahata)

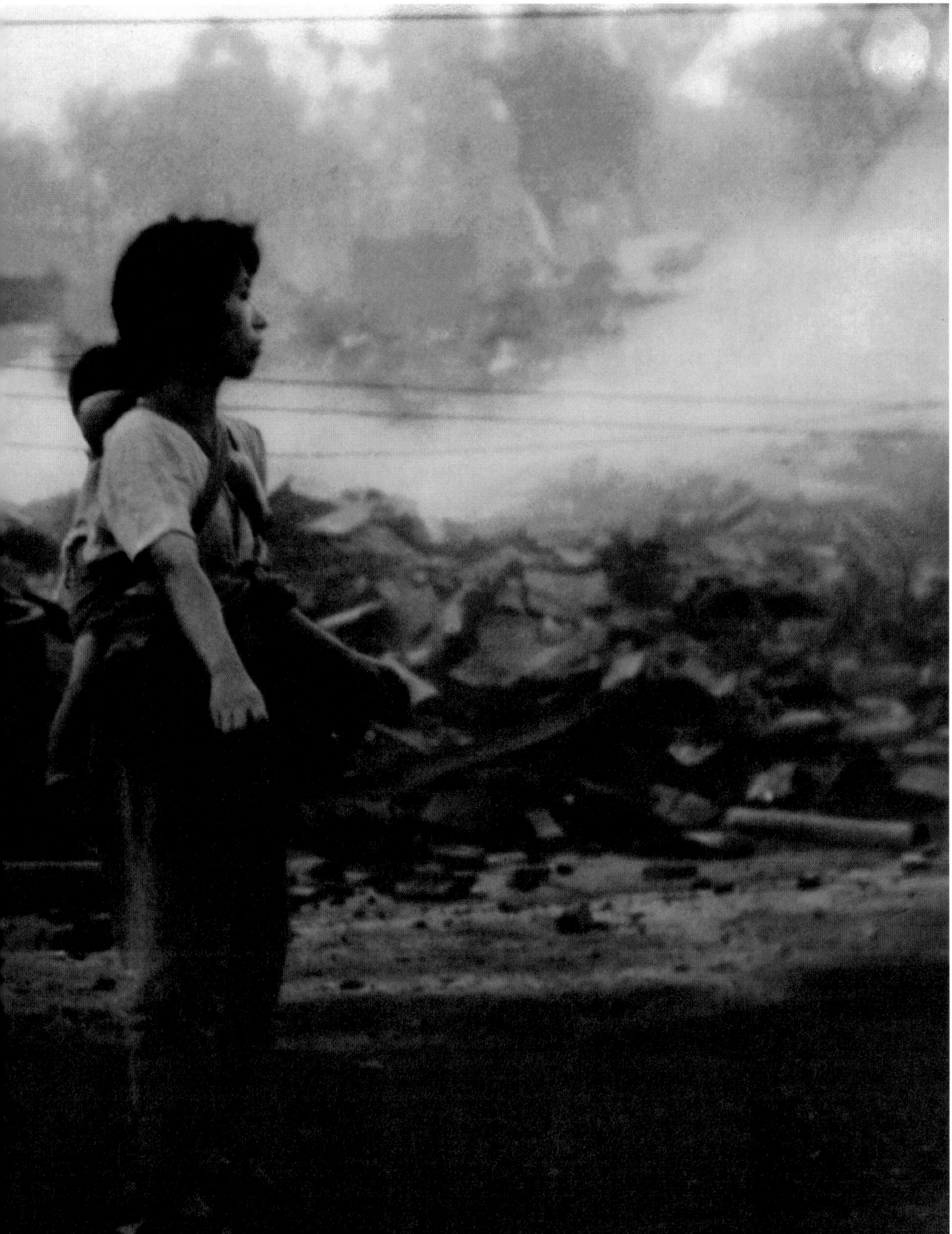

応急手当を受ける乳幼児。すでに泣き声も出ないほど衰弱していた。爆心地から北方 3.6km
＝ 1945 年 8 月 10 日午後 3 時過ぎ、長崎本線・道ノ尾駅前（撮影：山端庸介）

Infants receiving first-aid treatment. They were too weak to cry. 3.6 km north of the ground zero
= Just after 3:00 pm August 10, 1945 in front of Michinoo Station of the Nagasaki Main line, Nagasaki City (Photo: Yosuke Yamahata)

火傷にチンク油を塗ってもらい、応急手当を受ける乳幼児。すでに泣き声も出ないほど衰弱していた。爆心地から北方 3.6km
＝ 1945 年 8 月 10 日午後 3 時過ぎ、長崎本線・道ノ尾駅前（撮影：山端庸介）

These infants have had zinc oil applied to their burns. They were too weak to cry. 3.6 km north of the ground zero
= Just after 3:00 pm August 10, 1945 in front of Michinoo Station of the Nagasaki Main line, Nagasaki City (Photo: Yosuke Yamahata)

長崎本線・道ノ尾駅にも大村海軍病院から救護隊が派遣された。治療の順番を待つ傷ついた母子
＝ 1945 年 8 月 10 日、道ノ尾駅前（撮影：山端庸介）

First-aid personnel were dispatched here from the Omura Navy Hospital. Injured mother and child waiting for their turn of treatment
= August 10, 1945 at Michinoo Station, Nagasaki City (Photo: Yosuke Yamahata)

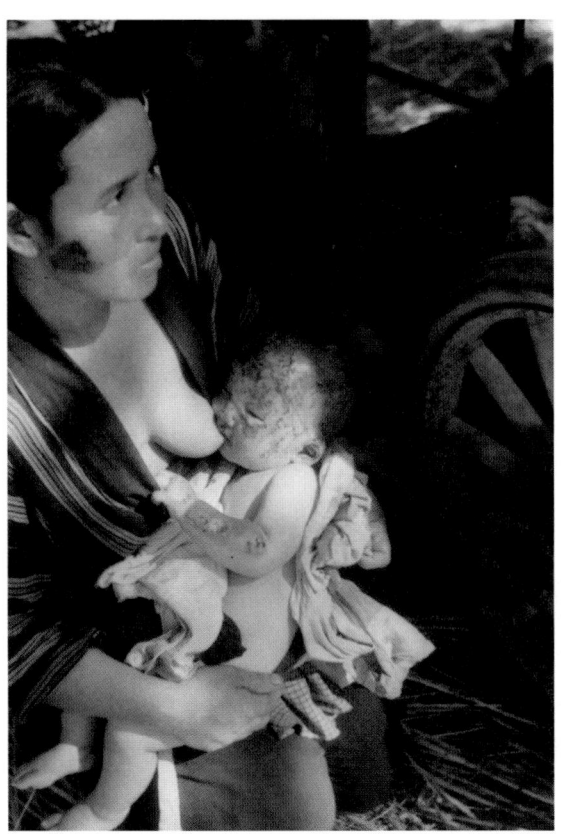

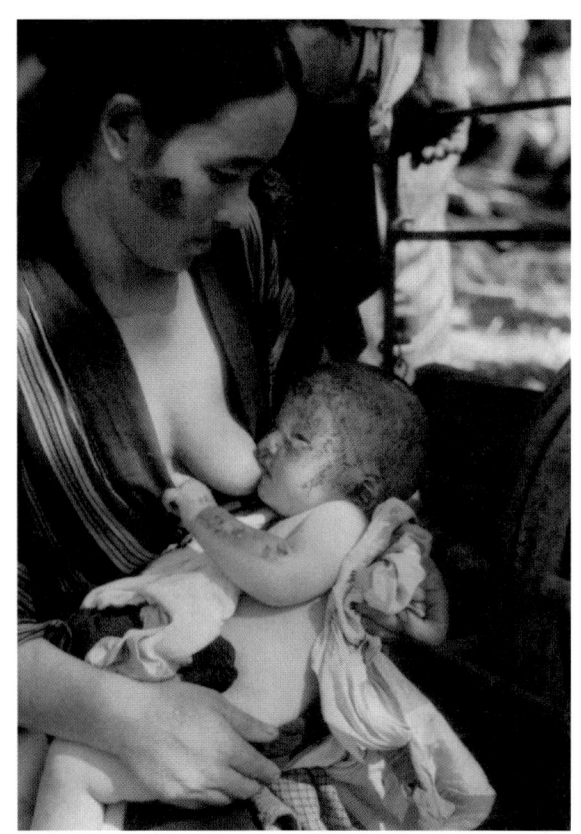

治療の順番を待つ母子。乳飲み子は乳を吸う力もなかった。爆心地から北方3.6km = 1945年8月10日午後3時過ぎ、長崎本線・道ノ尾駅前（撮影：山端庸介）
A mother and a child waiting for their turn to be treated. The baby did not have the strength to suck. 3.6 km north of the ground zero = Just after 3:00 pm August 10, 1945 in front of Michinoo Station of the Nagasaki Main line, Nagasaki City (Photo: Yosuke Yamahata)

爆風で破壊された家 = 1945年8月上旬、長崎市（撮影：松本栄一）
A house destroyed by the blast wave = Early August 1945, Nagasaki City (Photo: Eiichi Matsumoto)

医師の治療を受ける被爆乳児。爆心地から北方3.6km = 1945年8月10日午後3時過ぎ、長崎本線・道ノ尾駅前（撮影：山端庸介）
An infant injured by the blast receives treatment from a doctor. 3.6 km north of the ground zero = Just after 3:00 pm August 10, 1945 in front of Michinoo Station of the Nagasaki Main line, Nagasaki City (Photo: Yosuke Yamahata)

応急手当を受ける負傷者。爆心地から北方3.6km＝1945年8月10日午後3時過ぎ、長崎本線・道ノ尾駅前（撮影：山端庸介）

An injured person receiving first-aid treatment. 3.6 km north of the ground zero = Just after 3:00 pm August 10, 1945 in front of Michinoo Station of the Nagasaki Main line, Nagasaki City (Photo: Yosuke Yamahata)

爆風で破壊された家から市街を望む＝1945年8月上旬、長崎市（撮影：松本栄一）

Home destroyed by the blast = Early August 1945, Unidentified location in Nagasaki (Photo: Eiichi Matsumoto)

長崎市銭座町高台にある聖徳寺から見た三菱製鋼所。聖徳寺には製鋼所犠牲者の慰霊碑が建てられている
＝ 1945 年 8 月 20 日、長崎市（撮影：森末太郎）
Mitsubishi Steel Works as seen from Shotoku Temple on the heights of Zenza-machi, Nagasaki City.
A cenotaph for victims from this factory was built in the Temple = August 20, 1945, Nagasaki City (Photo: Suetaro Mori)

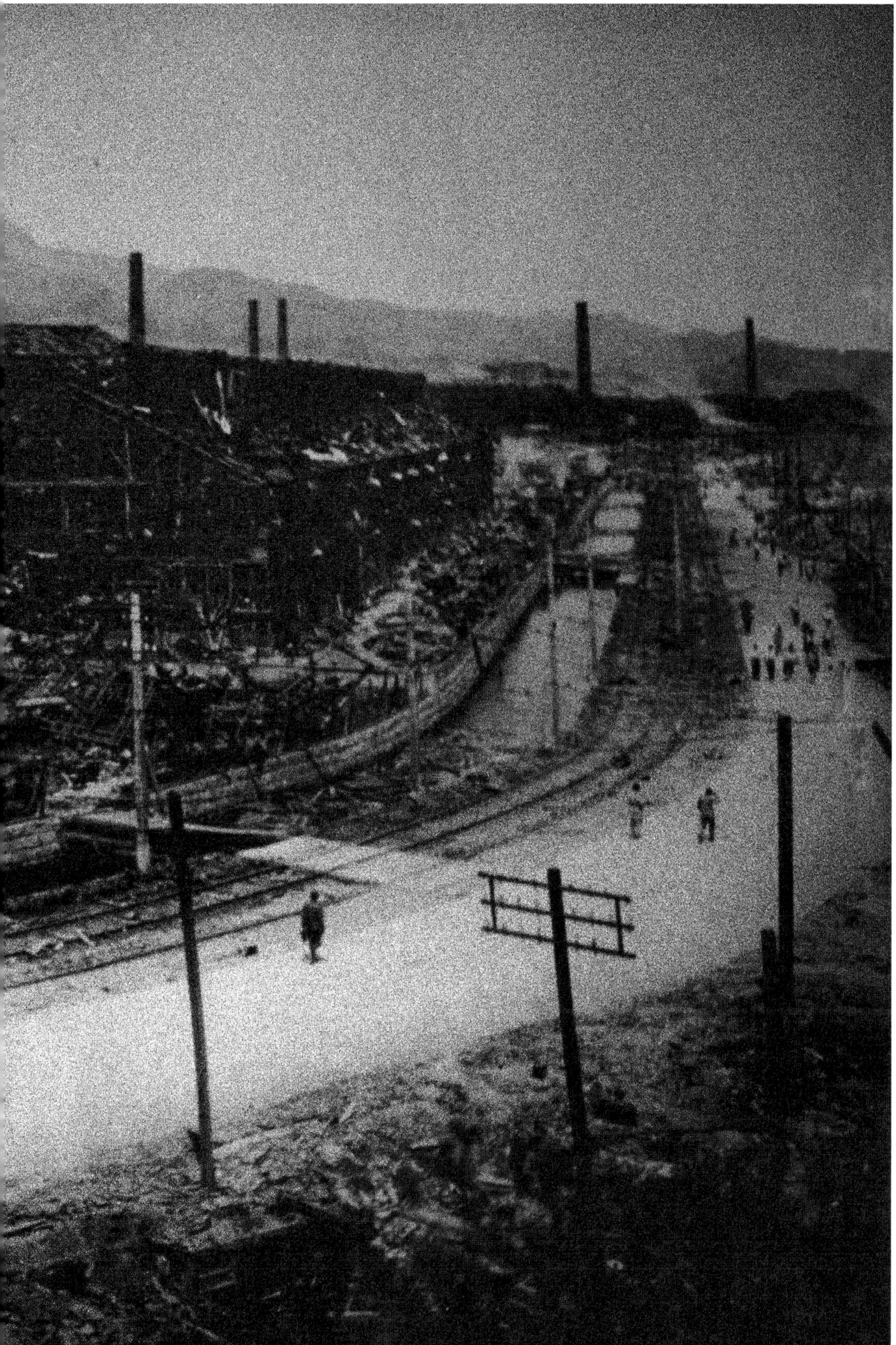

三菱長崎兵器
茂里町工場から
浦上川越しに見た
三菱製鋼所圧延工場
＝ 1945 年 8 月 20 日、
長崎市
（撮影：森末太郎）

Mitsubishi Steel Works Rolling Mill as seen across Urakami River from the Mitsubishi Heavy Industries Nagasaki Weapon Factory Mori-machi Plant = August 20, 1945, Nagasaki City (Photo: Suetaro Mori)

長崎県立瓊浦（けいほ）中学校焼け跡より見た三菱製鋼所全景（二）
＝ 1945 年 8 月 20 日、長崎市竹ノ久保（撮影：森末太郎）

A panoramic view of Mitsubishi Steel Works from the burnt ruins of Nagasaki Prefectural Keiho Middle School (2) = August 20, 1945, Takenokubo, Nagasaki City (Photo: Suetaro Mori)

原子爆弾による被害。
長崎県立瓊浦（けいほ）中学校焼け跡より見た三菱製鋼所全景（一）
＝ 1945 年 8 月 20 日、長崎市竹ノ久保（撮影：森末太郎）

A panoramic view of Mitsubishi Steel Works from the burnt ruins of Nagasaki Prefectural Keiho Middle School (1) = August 20, 1945, Takenokubo, Nagasaki City (Photo: Suetaro Mori)

三菱製鋼所全景（六）＝ 1945 年 8 月 20 日、長崎市（撮影：森末太郎）

A panoramic view of Mitsubishi Steel Works from the burnt ruins of Nagasaki Prefectural Keiho Middle School (6) = August 20, 1945, Takenokubo, Nagasaki City (Photo: Suetaro Mori)

三菱製鋼所全景（五）＝ 1945 年 8 月 20 日、長崎市（撮影：森末太郎）

A panoramic view of Mitsubishi Steel Works from the burnt ruins of Nagasaki Prefectural Keiho Middle School (5) = August 20, 1945, Takenokubo, Nagasaki City (Photo: Suetaro Mori)

三菱製鋼所全景(四)＝1945年8月20日、長崎市(撮影：森末太郎)

A panoramic view of Mitsubishi Steel Works from the burnt ruins of Nagasaki Prefectural Keiho Middle School (4)
= August 20, 1945, Takenokubo, Nagasaki City (Photo: Suetaro Mori)

三菱製鋼所全景(三)＝1945年8月20日、長崎市(撮影：森末太郎)

A panoramic view of Mitsubishi Steel Works from the burnt ruins of Nagasaki Prefectural Keiho Middle School (3)
= August 20, 1945, Takenokubo, Nagasaki City (Photo: Suetaro Mori)

三菱製鋼所全景（七）＝ 1945 年 8 月 20 日、長崎市（撮影：森末太郎）
A panoramic view of Mitsubishi Steel Works from the burnt ruins of Nagasaki Prefectural Keiho Middle School (7) = August 20, 1945, Takenokubo, Nagasaki City (Photo: Suetaro Mori)

船津町から三菱病院船津町分院（中央右）。三菱病院は赤煉瓦 2 階スレート葺きだった。
原爆投下時は一部損壊の程度で外観はほとんど異常なかったが、二次災害で全焼＝ 1945 年 8 月 20 日、長崎市（撮影：森末太郎）
View of the Mitsubishi Hospital Funatsu-machi Clinic (right center) from Funatsu-machi.
This clinic was a two-story red brick building with slate roofing. At the time of the explosion, only small parts of the building were damaged and the exterior was mostly intact. Later, it was completely burnt down = August 20, 1945, Nagasaki City (Photo: Suetaro Mori)

三菱重工長崎造船所の写真工、森末太郎が四ツ切りの乾板で撮影した長崎。木下町マーケットから袋町方面を見る＝ 1945 年 8 月 24 日、長崎市（撮影：森末太郎）

A photograph of Nagasaki City taken on a 30.5 x 25.4 cm photo plate by a photographer from Mitsubishi Heavy Industries Nagasaki Shipyard, Suetaro Mori. View of Fukuro-machi from Kinoshita-machi Market = August 24, 1945, Nagasaki City (Photo: Suetaro Mori)

木下町マーケットから見た上野屋旅館跡。明治時代に創業した
長崎の高級旅館、上野屋は「五足の靴」の文人が宿泊したゆかりの宿。
「五足の靴」とは、1904（明治 40）年、九州西部を約 1ヶ月旅した 5 人、
与謝野寛（鉄幹）、北原白秋、大田正雄（木下杢太郎）、吉井勇、
平野萬里による紀行文。文士が訪れた歴史の街も原爆で焼失した
= 1945 年 8 月 20 日、長崎市（撮影：森末太郎）

The ruins of Ueno-ya Hotel as seen from Kinoshita-machi Market, Nagasaki City. Ueno-ya was a high class hotel built during the Meiji Era. The authors of the "Gosoku no Kutsu (Five pairs of shoes)" stayed here once. "Gosoku no Kutsu" was a journal detailing the travels of five men of letters (Tekkan Yosano, Hakushu Kitahara, Mokutaro Kinoshita, Isamu Yoshii, and Banri Hirano) in Western Kyushu, over a roughly one month period in 1904. The street visited by these men was also lost in the fires of the atomic bomb = August 20, 1945 (Photo: Suetaro Mori)

木下町マーケットから裁判所方面を見る = 1945 年 8 月 20 日、
長崎市（撮影：森末太郎）

View of the Courthouse from Kinoshita-machi Market, Nagasaki City = August 20, 1945 (Photo: Suetaro Mori)

長崎への原爆投下で被災した三菱製鋼所
= 1945 年 8 月 20 日、長崎市茂里町（撮影：森末太郎）

Mitsubishi Steel Works damaged by the atomic bomb = August 20, 1945, Mori-machi, Nagasaki city (Photo: Suetaro Mori)

長崎造船所船型試験場と三菱長崎兵器製作所大橋工場
= 1945 年 8 月 20 日、長崎市（撮影：森末太郎）

Model Experiment Station of the Mitsubishi Heavy Industries Nagasaki Shipyard and the Mitsubishi Heavy Industries Nagasaki Weapon Factory Ohashi Plant = August 20, 1945, Nagasaki City (Photo: Suetaro Mori)

長崎医科大学焼跡から見た三菱製鋼所（二）
= 1945 年 8 月 20 日、長崎市（撮影：森末太郎）

Mitsubishi Steel Works as seen from the fire-devastated Nagasaki Medical College (2) = August 20, 1945, Nagasaki City (Photo: Suetaro Mori)

長崎医科大学焼跡から見た三菱製鋼所（一）
= 1945 年 8 月 20 日、長崎市（撮影：森末太郎）

Mitsubishi Steel Works as seen from the fire-devastated Nagasaki Medical College (1) = August 20, 1945, Nagasaki City (Photo: Suetaro Mori)

長さ300 mある長崎造船所船型試験場。
右側、煙突の立っている所は
三菱長崎兵器製作所茂里工場
＝1945年8月20日、長崎市飽の浦町
（撮影：森末太郎）

The 300 meters long Model Experiment Station of the Mitsubishi Heavy Industries Nagasaki Shipyard. The location on the right with smokestacks is the Mitsubishi Heavy Industries Nagasaki Weapon Factory Mori Plant = August 20, 1945, Akunoura-machi, Nagaski City (Photo: Suetaro Mori)

三菱長崎兵器研究所の屋上から見た
大橋第三機械工場。左上は城山国民学校
＝1945年8月20日、長崎市（撮影：森末太郎）

Ohashi No.3 Macine Plant of the the Mitsubishi Heavy Industries Nagasaki Weapon Factory as seen from the roof of the Mitsubishi Nagasaki Armory Research Laboratory. Shiroyama Primary School is on the upper left = August 20, 1945, Nagasaki City (Photo: Suetaro Mori)

長崎造船所幸町工場と
三菱長崎兵器製作所茂里工場。川向うに
三菱製鋼所が見える＝1945年8月20日、
長崎市の大橋第三機械工場から
（撮影：森末太郎）

Mitsubishi Heavy Industries Nagasaki Shipyard Saiwai-machi Plant and Mitsubishi Heavy Industries Nagasaki Weapon Factory Mori Plant. Mitsubishi Steel Works can be seen across the river = August 20, 1945, from the Ohashi No.3 Macine Plant of the Mitsubishi Heavy Industries Nagasaki Weapon Factory in Nagasaki City (Photo: Suetaro Mori)

浦上川の稲佐橋対岸から見た長崎造船所幸町工場＝ 1945 年 8 月 20 日、長崎市（撮影：森末太郎）
Mitsubishi Heavy Industries Nagasaki Shipyard Saiwai-machi Plant as seen from the other side of Inasa bridge over Urakami River
= August 20, 1945, Nagasaki City (Photo: Suetaro Mori)

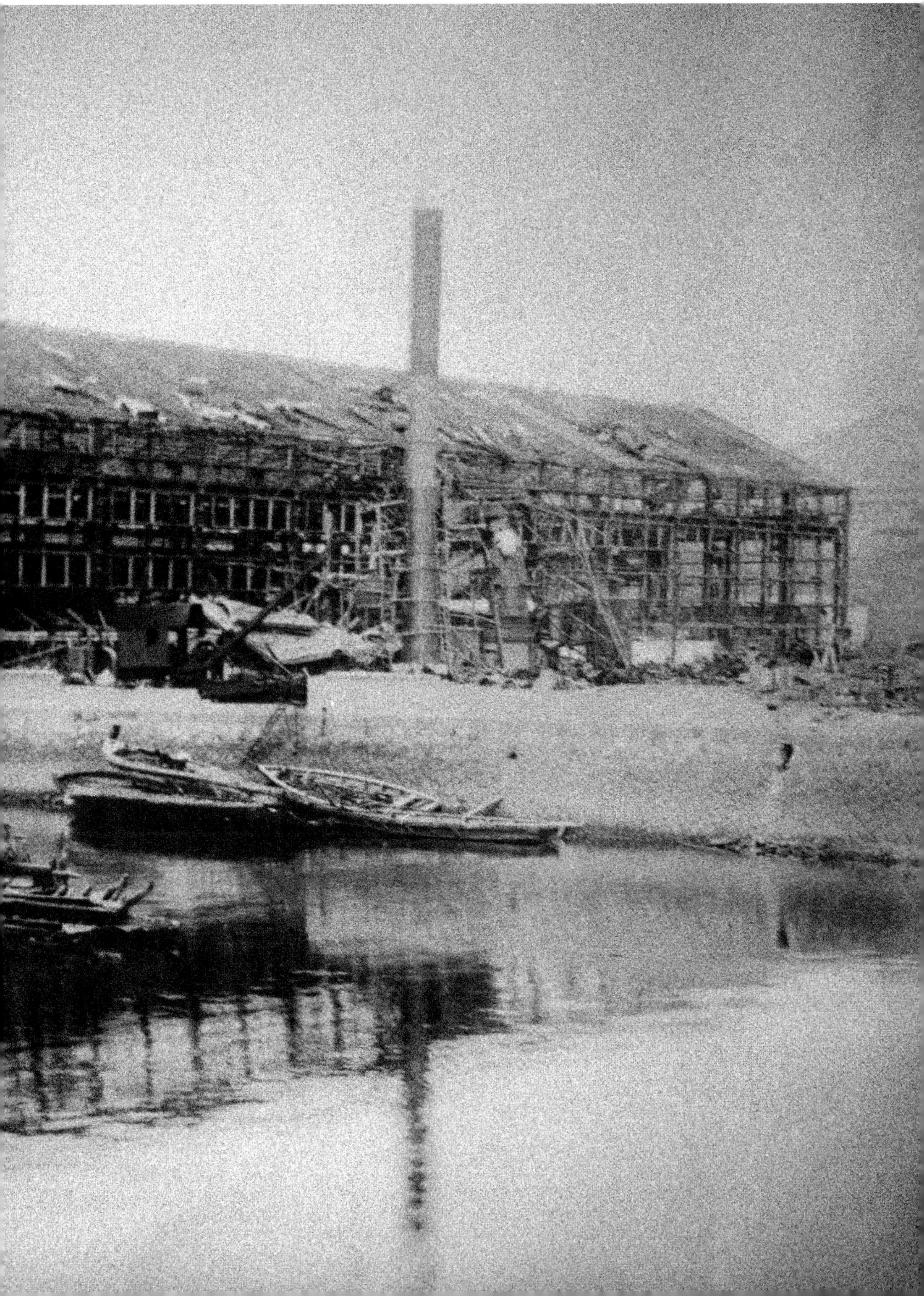

爆心地より東南に 600 〜 800m
＝ 1945 年 8 月下旬、長崎医科大学附属病院
（撮影：松本栄一）

Nagasaki Medical College Hospital. 600-800 meters southeast of the ground zero = Late August 1945, Nagasaki City (Photo: Eiichi Matsumoto)

爆心地より東南に 600 〜 800m ＝ 1945 年 8 月下旬、長崎医科大学附属病院（撮影：松本栄一）
Nagasaki Medical College Hospital. 600-800 meters southeast of the ground zero = Late August 1945, Nagasaki City (Photo: Eiichi Matsumoto)

臨時救護所で死とたたかう老婆。
火傷のつらさばかりでなく、どの患者も放射能障害による症状とはわからないままに、急変する症状に苦しめられていた。
ここは、爆心から南約 3km の小学校で、窓ガラスは飛び散り、室内の器材は散乱したが、焼け残ったため病院として使用された
＝ 1945 年 8 月下旬、長崎市興善町・新興善国民学校特設救護病院（撮影：松本栄一）

An old woman facing death at the temporaly first-aid station set up at the Shinkozen Primary School, Kozen-machi, Nagasaki City. Patients suffer from severe burns and also from rapidly progressing symptoms that at the time were not recognized as radiation sickness. This Primary School, located 3 km south of the ground zero, survived the fire after the blast although it's windows were blown out and equipments inside were scattered = Late August 1945 (Photo: Eiichi Matsumoto)

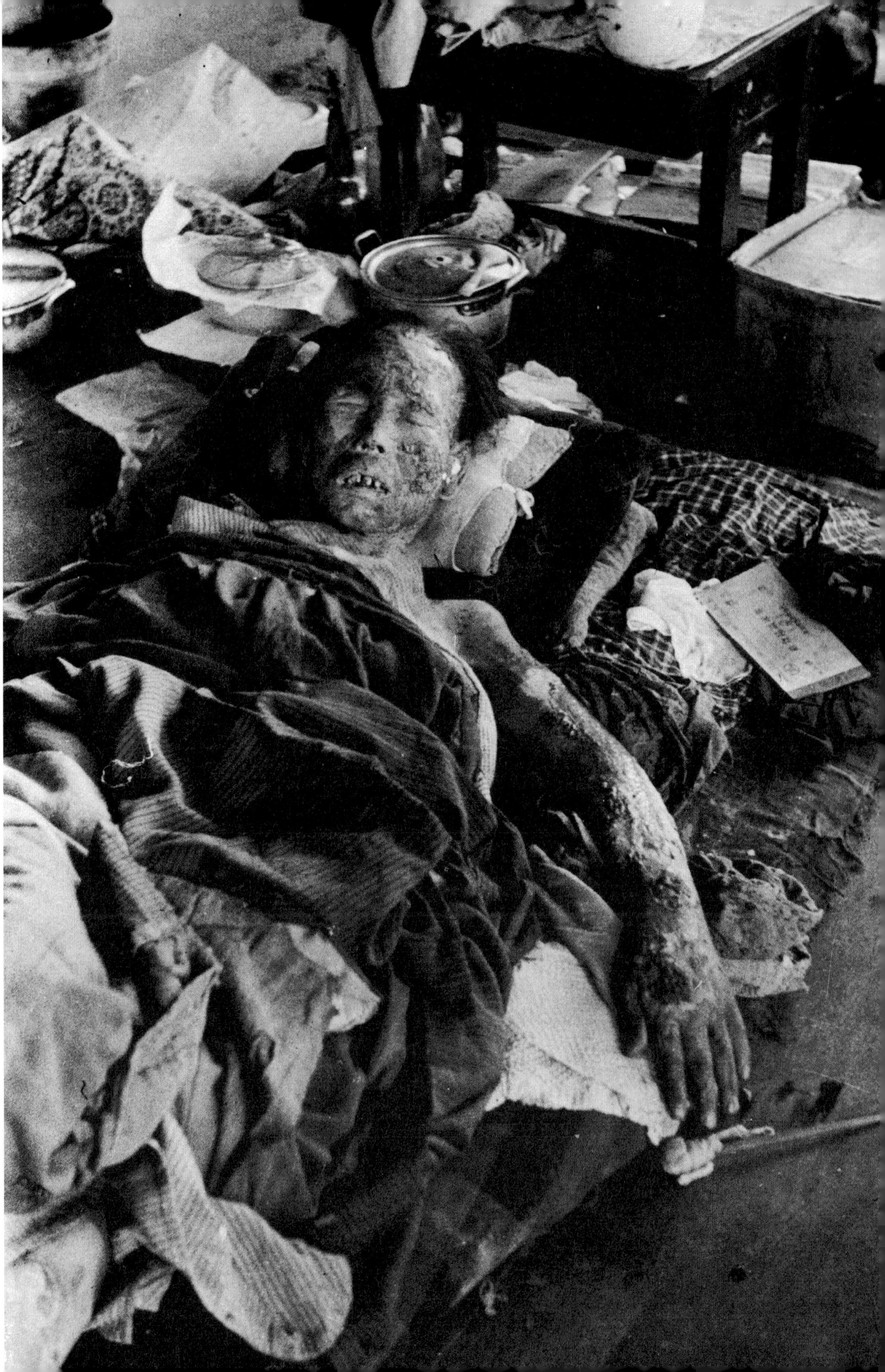

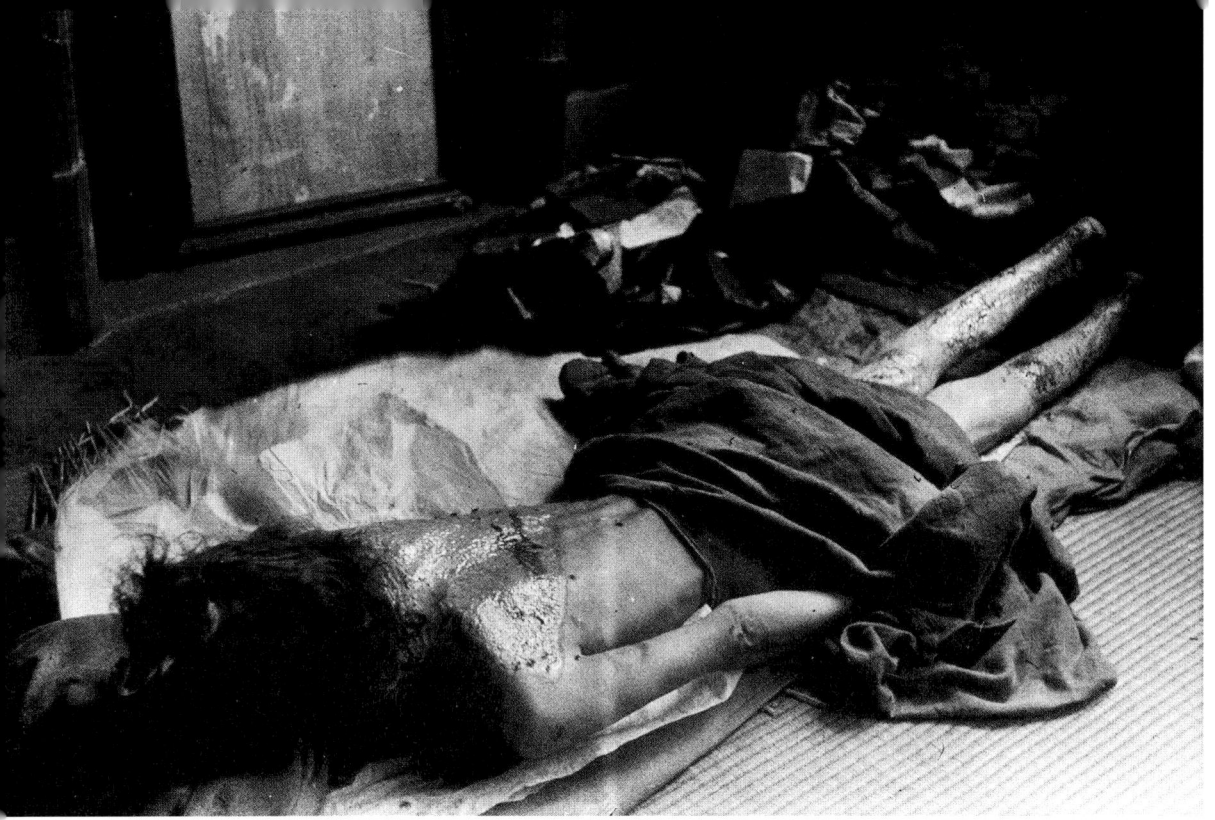

熱傷の婦人の背面＝ 1945 年 8 月下旬、長崎市興善町・新興善国民学校特設救護病院（撮影：松本栄一）
Burnt back of a woman = Late August 1945 at the temporaly first-aid station set up at the Shinkozen Primary School, Kozen-machi, Nagasaki City (Photo: Eiichi Matsumoto)

熱傷の婦人。爆発時に発せられた熱線のすさまじさを物語っている＝ 1945 年 8 月下旬、
長崎市興善町・新興善国民学校特設救護病院（撮影：松本栄一）
A woman with burn injuries. This photo tells of the horrors of the heat rays emitted when the atomic bomb exploded = Late August 1945 at the temporaly first-aid station set up at the Shinkozen Primary School, Kozen-machi, Nagasaki City (Photo: Eiichi Matsumoto)

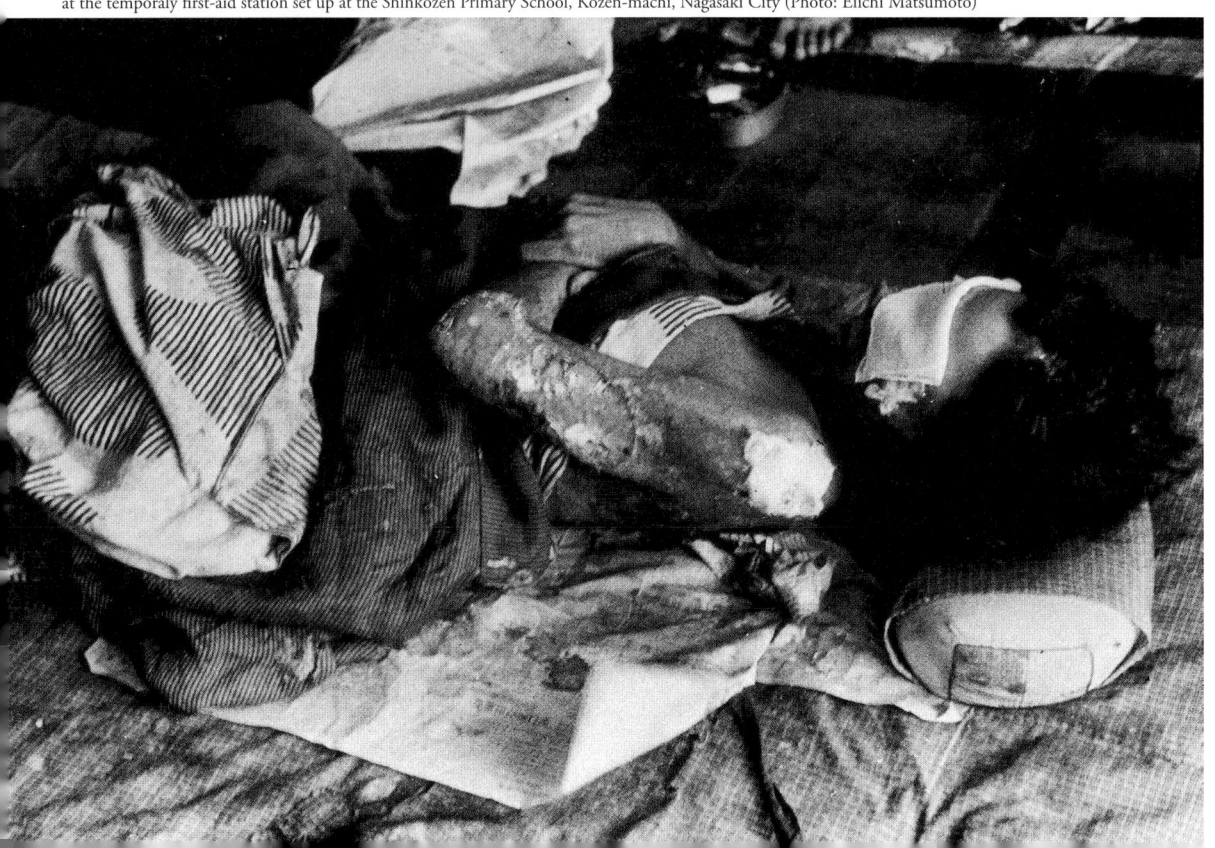

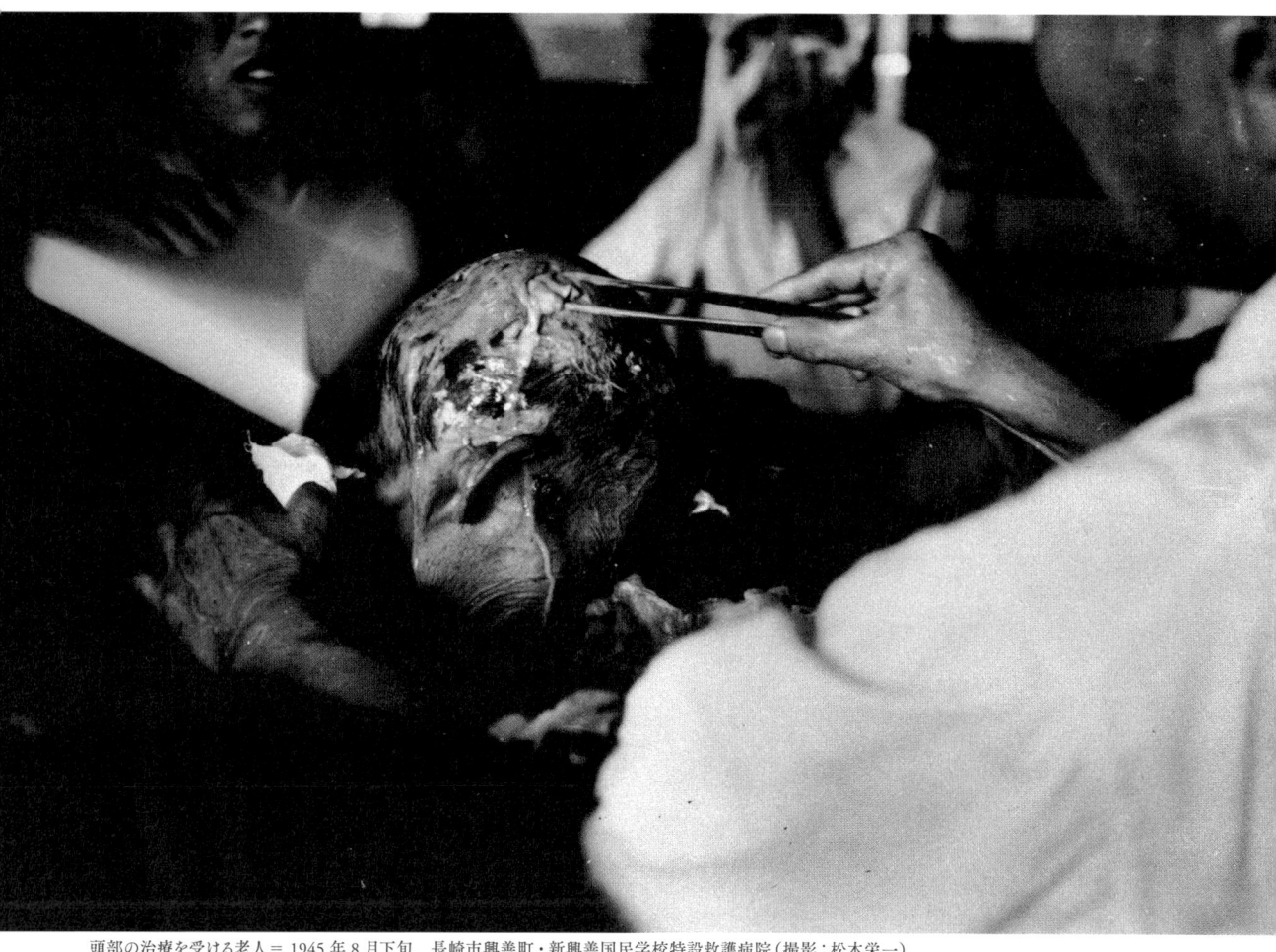

頭部の治療を受ける老人＝1945年8月下旬、長崎市興善町・新興善国民学校特設救護病院（撮影：松本栄一）

An elderly patient receiving treatment to the head injuries = Late August 1945 at the temporaly first-aid station set up at the Shinkozen Primary School, Kozen-machi, Nagasaki City (Photo: Eiichi Matsumoto)

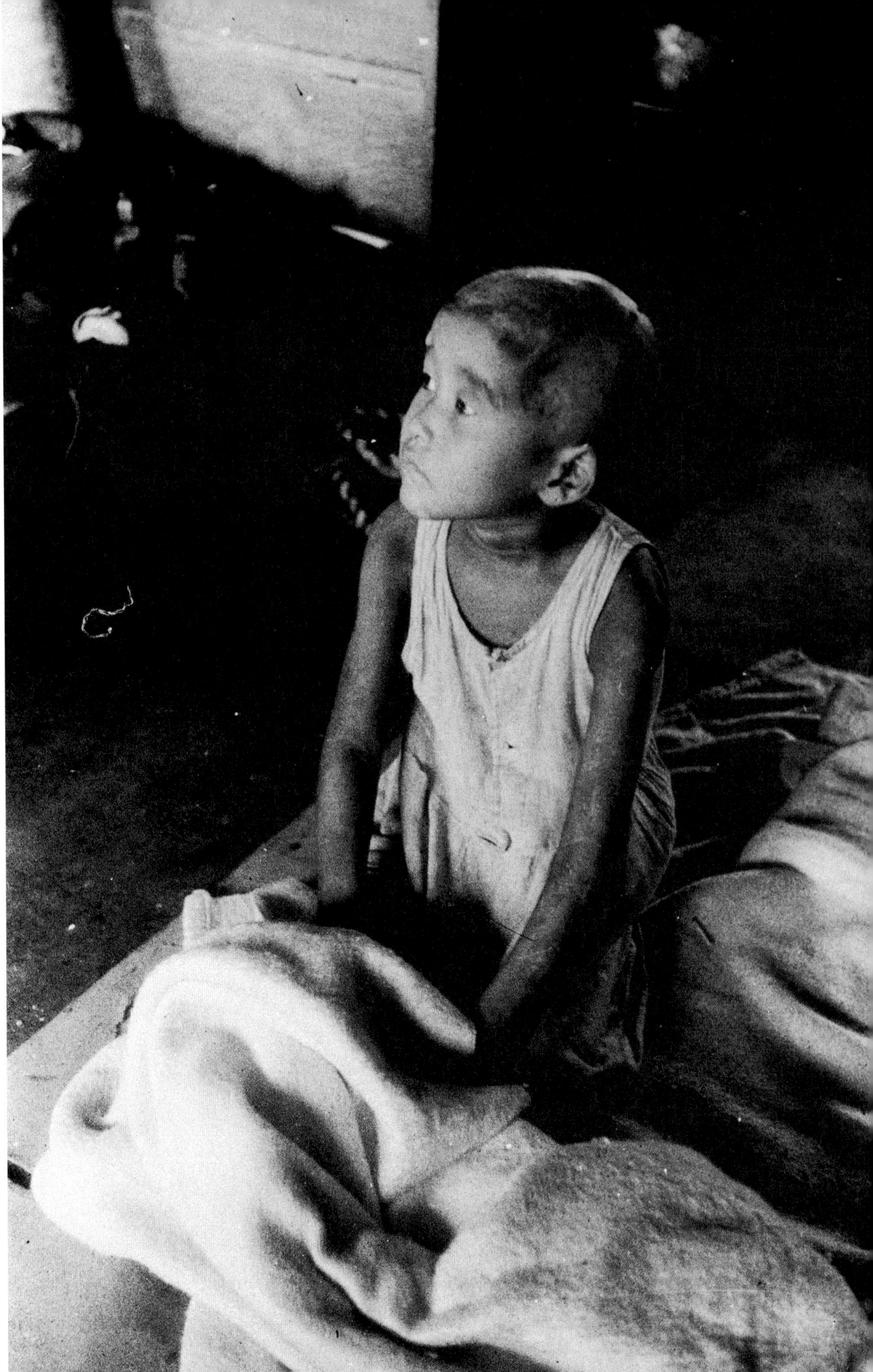

1945年8月下旬、長崎兵器大橋工場第1工作部第4機械工場
（撮影：松本栄一）

1st Engineering Division of the No.4 Machinery Plant at the Ohashi Plant of
the Mitsubishi Heavy Industries Nagasaki Weapon Factory. Late August 1945
(Photo: Eiichi Matsumoto)

1945年8月下旬、長崎兵器大橋工場第1工作部第4機械工場
（撮影：松本栄一）

1st Engineering Division of the No.4 Machinery Plant at the Ohashi Plant of
the Mitsubishi Heavy Industries Nagasaki Weapon Factory. Late August 1945
(Photo: Eiichi Matsumoto)

1945年8月下旬、長崎兵器大橋工場第1工作部第4機械工場
（撮影：松本栄一）

1st Engineering Division of the No.4 Machinery Plant at the Ohashi Plant of
the Mitsubishi Heavy Industries Nagasaki Weapon Factory. Late August 1945
(Photo: Eiichi Matsumoto)

1945年8月下旬、長崎兵器大橋工場第1工作部第4機械工場
（撮影：松本栄一）

1st Engineering Division of the No.4 Machinery Plant at the Ohashi Plant of
the Mitsubishi Heavy Industries Nagasaki Weapon Factory. Late August 1945
(Photo: Eiichi Matsumoto)

脱毛した少女。放射能による脱毛症状と見受けられる＝1945年8月下旬、長崎市興善町・新興善国民学校特設救護病院（撮影：松本栄一）

A girl who lost her hair, probably as a result of the exposure to radioactivity
= Late August 1945 at the temporaly first-aid station set up at the Shinkozen Primary School, Kozen-machi, Nagasaki City (Photo: Eiichi Matsumoto)

破壊された長崎の街を歩く女性＝ 1945 年 8 月下旬（撮影：松本栄一）
Woman walking through the destroyed Nagasaki City = Late August 1945 (Photo: Eiichi Matsumoto)

ひっくり返ってペシャンコになったトラック。
後方コンクリートの建物は変電所
＝ 1945 年 8 月下旬、長崎市銭座変電所、
爆心地から南へ 1.4km 付近（撮影：松本栄一）

Truck rolled upside down and flattened by the blast wave. The concrete building in the back is the remains of the Zenza electrical sub-station, 1.4 km south of the ground zero = Early August 1945, Nagasaki City (Photo: Eiichi Matsumoto)

焼跡を行く少女＝ 1945 年 8 月下旬（撮影：松本栄一）
Girls walking through the charred pile of rubble = Late August 1945, Nagasaki City (Photo: Eiichi Matsumoto)

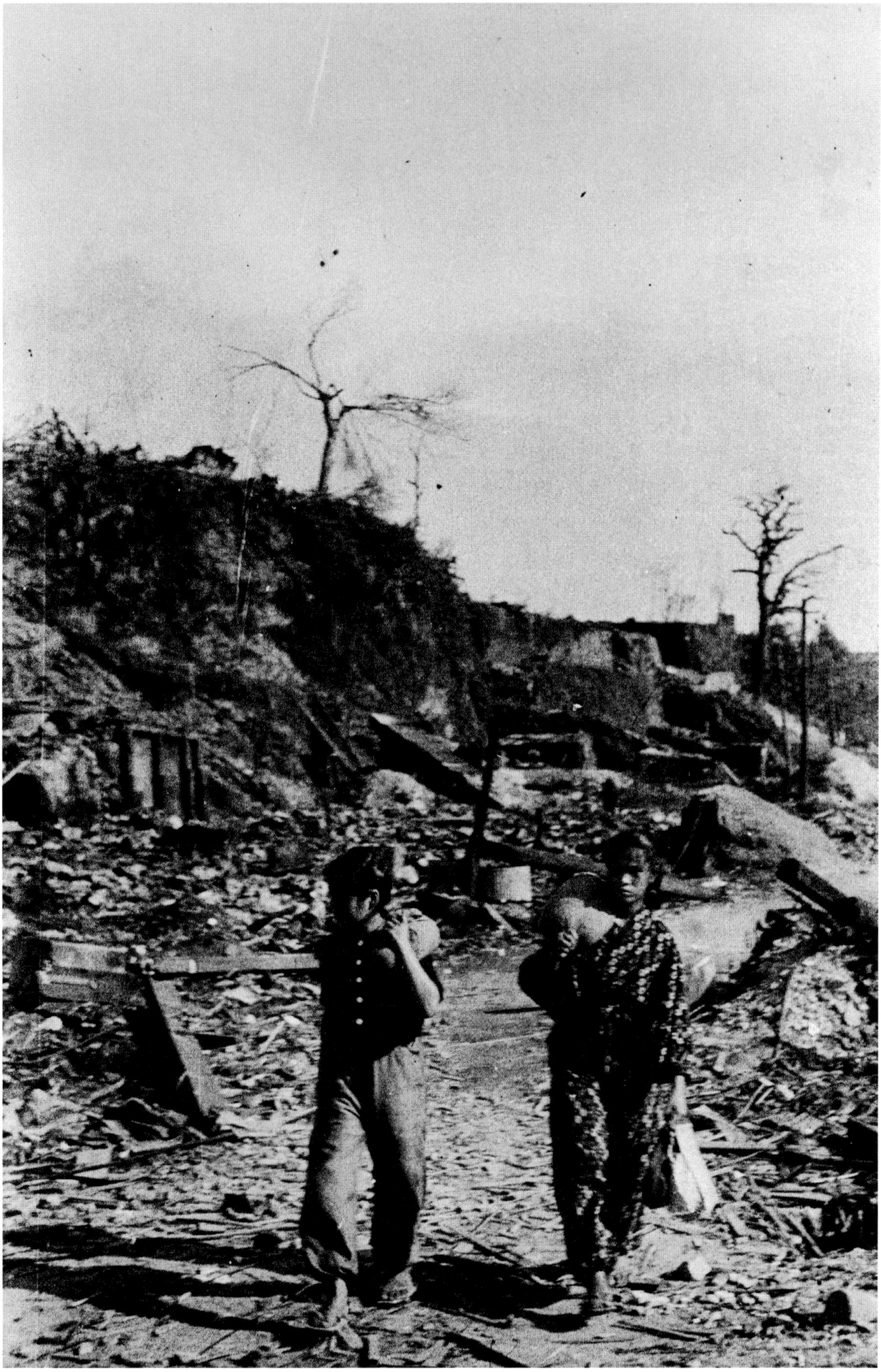

犠牲者があまりにも多いため、野外火葬する以外に方法がなかった。
そして引き取り手もないままに、遺骨はあちこちの空地に放置されていた＝1945年8月下旬、長崎市（撮影：松本栄一）
Casualties were so many. There was no option but to cremate them outdoors. With no-one collecting the remains, they were scattered all around the vacant grounds = Late August 1945, Nagasaki City (Photo: Eiichi Matsumoto)

犠牲者があまりにも多いため、野外火葬する以外に方法がなかった。
そして引き取り手もないままに、遺骨はあちこちの空地に放置されていた＝1945年8月下旬、長崎市（撮影：松本栄一）
Casualties were so many. There was no option but to cremate them outdoors. With no-one collecting the remains, they were scattered all around the vacant grounds = Late August 1945, Nagasaki City (Photo: Eiichi Matsumoto)

白い破片となってしまった遺体を焼いた火は、いつまでもちろちろと燃えつづけた＝1945年8月下旬、長崎市（撮影：松本栄一）
The fires which reduced the dead bodies into white fragments flared endlessly = Late August 1945, Nagasaki City (Photo: Eiichi Matsumoto)

犠牲者があまりにも多いため、野外火葬する以外に方法がなかった。
そして引き取り手もないままに、遺骨はあちこちの空地に放置されていた＝1945年8月下旬、長崎市（撮影：松本栄一）
Casualties were so many. There was no option but to cremate them outdoors. With no-one collecting the remains, they were scattered all around the vacant grounds = Late August 1945, Nagasaki City (Photo: Eiichi Matsumoto)

木片に氏名を書き、心から追悼の意を込めた証としているのであろう。荼毘のあとも生々しい＝1945年8月下旬、長崎市（撮影：松本栄一）
Names were written on the piece of wood supposedly to mourn for the dead. The traces of cremations can be seen clearly on the ground
= Late August 1945, Nagasaki City (Photo: Eiichi Matsumoto)

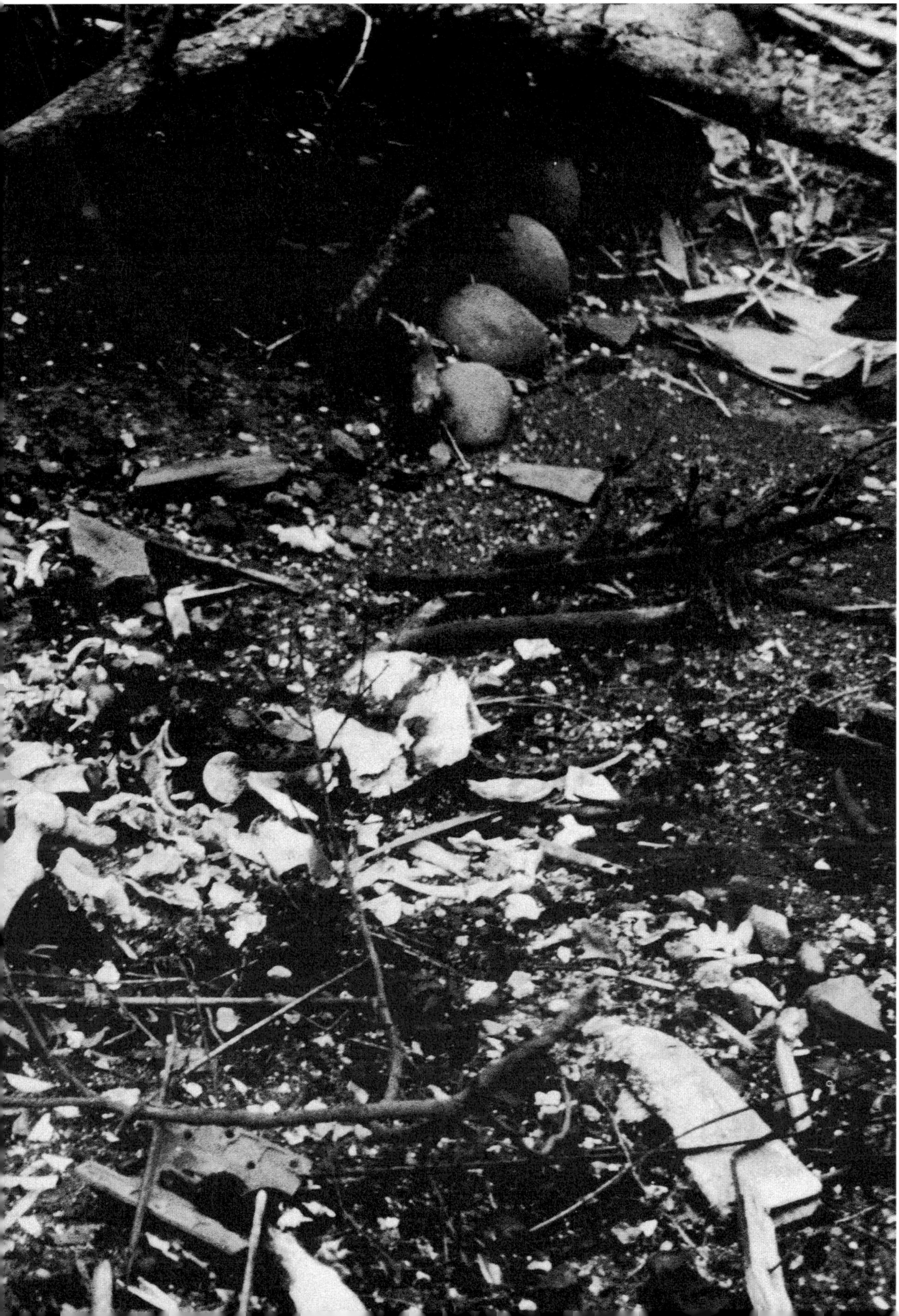

被爆後の浦上地区パノラマ（5枚連続。右が長崎港）＝ 1945年8月下旬〜9月下旬、長崎市稲佐山（撮影：小川虎彦）
Panorama of the Urakami area, Nagasaki City, from Mt. Inasa after the bomb exploded (sequence of 5 shots)
= Late August - Late September 1945 (Photo: Torahiko Ogawa)

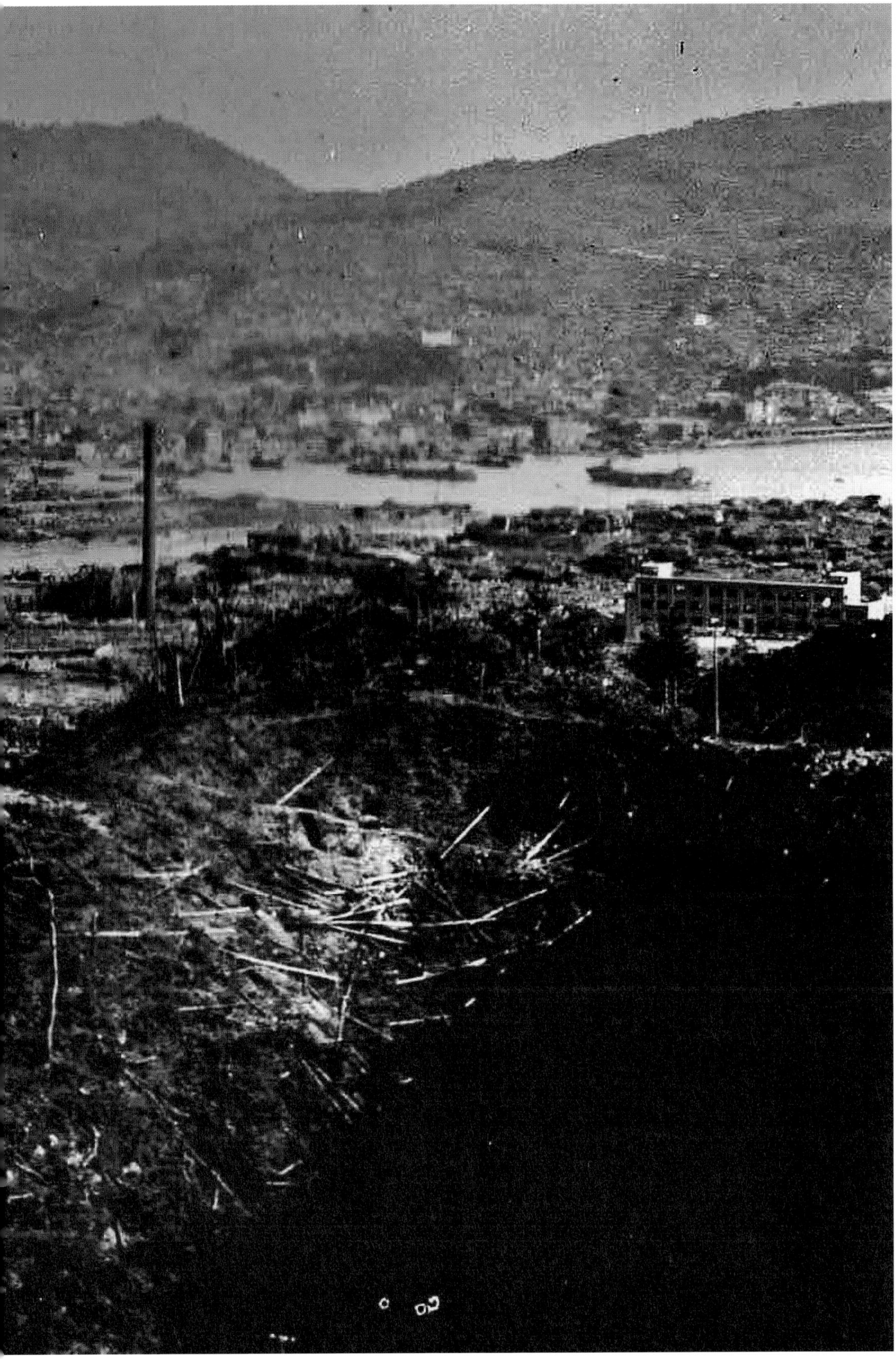

被爆後の浦上地区パノラマ（5枚連続）＝ 1945年8月下旬～9月下旬、長崎市稲佐山（撮影：小川虎彦）

Panorama of the Urakami area, Nagasaki City, from Mt. Inasa after the bomb exploded (sequence of 5 shots) = Late August - Late September 1945
(Photo: Torahiko Ogawa)

被爆後の浦上地区パノラマ（5枚連続）＝ 1945年8月下旬～9月下旬、長崎市稲佐山（撮影：小川虎彦）

Panorama of the Urakami area, Nagasaki City, from Mt. Inasa after the bomb exploded (sequence of 5 shots) = Late August - Late September 1945
(Photo: Torahiko Ogawa)

被爆後の浦上地区パノラマ（5枚連続）= 1945年8月下旬〜9月下旬、長崎市稲佐山（撮影：小川虎彦）
Panorama of the Urakami area, Nagasaki City, from Mt. Inasa after the bomb exploded (sequence of 5 shots) = Late August - Late September 1945
(Photo: Torahiko Ogawa)

被爆後の浦上地区パノラマ（5枚連続）= 1945年8月下旬〜9月下旬、長崎市稲佐山（撮影：小川虎彦）
Panorama of the Urakami area, Nagasaki City, from Mt. Inasa after the bomb exploded (sequence of 5 shots) = Late August - Late September 1945
(Photo: Torahiko Ogawa)

三菱兵器製作所大橋工場（2枚連続）＝ 1945 年 8 月下旬〜 9 月下旬、長崎市（撮影：小川虎彦）

The Ohashi Plant of the Mitsubishi Heavy Industries Nagasaki Weapon Factory (sequence of 2 shots)
= Late August - Late September 1945 from inside the plant building, Nagasaki City (Photo: Torahiko Ogawa)

三菱兵器製作所大橋工場（2枚連続）＝ 1945 年 8 月下旬〜 9 月下旬、長崎市（撮影：小川虎彦）

The Ohashi Plant of the Mitsubishi Heavy Industries Nagasaki Weapon Factory (sequence of 2 shots)
= Late August - Late September 1945 from inside the plant building, Nagasaki City (Photo: Torahiko Ogawa)

被爆後の浦上地区パノラマ（2枚連続）= 1945年8月下旬～9月下旬、長崎市金比羅山から（撮影：小川虎彦）
Panorama of the Urakami area, Nagasaki City, from Mt. Kompira after the bomb exploded (sequence of 2 shots)
= Late August - Late September 1945 (Photo: Torahiko Ogawa)

被爆後の浦上地区パノラマ（2枚連続）= 1945年8月下旬～9月下旬、長崎市金比羅山から（撮影：小川虎彦）
Panorama of the Urakami area, Nagasaki City, from Mt. Kompira after the bomb exploded (sequence of 2 shots)
= Late August - Late September 1945 (Photo: Torahiko Ogawa)

聖徳寺敷地から見た三菱製鋼所茂里町工場＝1945年8月下旬～9月下旬、長崎市井樋ノ口（撮影：小川虎彦）
Mitsubishi Nagasaki Steel Works Mori-machi Plant seen from the Shotoku-ji Temple at Ibinokuchi-machi, Nagasaki City
= Late August - Late September 1945 (Photo: Torahiko Ogawa)

中町教会＝1945年8月下旬～9月下旬、NHK長崎放送局付近から（撮影：小川虎彦）
Naka-machi Church seen from the place near the Japan Broadcasting Corporation (NHK) Nagasaki Broadcasting Station
= Late August - Late September 1945, Nagasaki City (Photo: Torahiko Ogawa)

三菱酸素工場＝1945年8月下旬〜9月下旬、長崎市駒場町から（撮影：小川虎彦）

Nagasaki Sanso (Oxygen) Factory = Late August - Late September 1945 from Komaba-machi, Nagasaki City (Photo: Torahiko Ogawa)

聖徳寺敷地から三菱兵器幸町工場＝1945年8月下旬〜9月下旬、長崎市井樋ノ口（撮影：小川虎彦）

View from the Shotoku Temple, of the Saiwai-machi Plant of The Mitsubishi Heavy Industries Nagasaki Weapon Factory = Late August - Late September 1945 at Ibinokuchi-machi, Nagasaki City (Photo: Torahiko Ogawa)

大橋ガスタンク＝1945年8月下旬〜9月下旬、長崎医大射撃場側から（撮影：小川虎彦）

Ohashi gasholder = Late August - Late September 1945 from the Nagasaki Medical College Shooting Range, Nagasaki City (Photo: Torahiko Ogawa)

山王神社二の鳥居＝1945年8月下旬〜9月下旬、長崎市坂本町から（撮影：小川虎彦）

2nd Torii (entrance gate to the shrine) of the San'no Shrine = Late August - Late September 1945 from Sakamoto-machi, Nagasaki City (Photo: Torahiko Ogawa)

焼失した電車＝1945年8月下旬〜9月下旬、長崎市幸町付近（撮影：小川虎彦）

Burned out tram car = Late August - Late September 1945 near Saiwai-machi, Nagasaki City (Photo: Torahiko Ogawa)

長崎医大附属病院＝1945年8月下旬〜9月下旬、長崎市浜口町〜岩川町一帯側から（撮影：小川虎彦）

Nagasaki Medical College Hospital = Late August - Late September 1945 from the area around Hamaguchi-machi and Iwakawa-machi, Nagasaki City (Photo: Torahiko Ogawa)

左から菅義夫、筒井俊正班員＝1945年9月上旬、長崎市（撮影：文部省学術研究会議 原子爆弾災害調査研究特別委員会）
Members of the Special Committee for Investigation on Atomic Bomb Disaster. From left, Yoshio Suge and Toshimasa Tsutsui = Early September 1945
(Photo: Special Committee for Investigation on Atomic Bomb Disaster, National Research Council of Ministry of Education)

長崎市浦上地区の被爆状況を調査する左から二塀、筒井、眞島、菅の各班員＝1945年9月上旬
（撮影：文部省学術研究会議 原子爆弾災害調査研究特別委員会）
Members of the Special Committee for Investigation on Atomic Bomb Disaster, investigating damages by the exposure in Urakami District, Nagasaki City.
From left to right, Nihei, Mashima, and Suge = Early September 1945
(Photo: Special Committee for Investigation on Atomic Bomb Disaster, National Research Council of Ministry of Education)

被爆地を調査する菅義夫班員＝ 1945 年 9 月上旬、長崎市
（撮影：文部省学術研究会議　原子爆弾災害調査研究特別委員会）

Member of the Special Committee for Investigation on Atomic Bomb Disaster, Yoshio Suge, investigating the disaster-stricken area = Early September 1945, Nagasaki City (Photo: Special Committee for Investigation on Atomic Bomb Disaster, National Research Council of Ministry of Education)

被爆地を望む。左手に見えるのは長崎鎮西学院＝ 1945 年 9 月上旬
（撮影：文部省学術研究会議　原子爆弾災害調査研究特別委員会）

Perspective view of the disaster-stricken city center. A private school named Chinzei Gakuin is on the left = Early September 1945 (Photo: Special Committee for Investigation on Atomic Bomb Disaster, National Research Council of Ministry of Education)

中町教会方面を望む＝ 1945 年 9 月上旬、長崎市（撮影：文部省学術研究会議　原子爆弾災害調査研究特別委員会）
View towards Nakamachi church, Nagasaki City = Early September 1945
(Photo: Special Committee for Investigation on Atomic Bomb Disaster, National Research Council of Ministry of Education)"

大きな窓も飛び散っていた＝ 1945 年 9 月上旬、長崎市浦上天主堂（撮影：松本栄一）
The ruined Urakami Cathedral, Nagasaki City. Even the large windows were blown off
= Early September 1945 (Photo: Eiichi Matsumoto)

1925 年（大正 14）に建立され、双塔の高さ 26m に及ぶ東洋一の壮大さを誇っていたが、その天主堂も廃墟と化した
＝ 1945 年 9 月上旬、長崎市浦上天主堂（撮影：松本栄一）
Ruins of the Urakami Cathedral, Nagasaki City. Built in 1925, the twin steeples of 26 meters high were said to be the highest tower in the East
= Early September 1945 (Photo: Eiichi Matsumoto)

廃墟と化した浦上天主堂＝ 1945 年 9 月上旬、長崎市（撮影：松本栄一）

The ruined Urakami Cathedral, Nagasaki City
= Early September 1945 (Photo: Eiichi Matsumoto)

破壊された正面入口＝ 1945 年 9 月上旬、長崎市浦上天主堂
（撮影：松本栄一）

The destroyed front entrance of the Urakami Cathedral, Nagasaki City
= Early September 1945 (Photo: Eiichi Matsumoto)

浦上天主堂正面全景＝ 1945 年 9 月上旬、長崎市（撮影：松本栄一）

Full frontal view of the Urakami Cathedral, Nagasaki City
= Early September 1945 (Photo: Eiichi Matsumoto)

浦上天主堂＝ 1945 年 9 月上旬、長崎市（撮影：松本栄一）

Urakami Cathedral, Nagasaki City
= Early September 1945 (Photo: Eiichi Matsumoto)

浦上天主堂＝ 1945 年 9 月上旬、長崎市
（撮影：文部省学術研究会議 原子爆弾災害調査研究特別委員会）

Urakami Cathedral, Nagasaki City = Early September 1945
(Photo: Special Committee for Investigation on Atomic Bomb Disaster,
National Research Council of Ministry of Education)

浦上天主堂＝1945年9月上旬、長崎市（撮影：松本栄一）

Urakami Cathedral, Nagasaki City = Early September 1945 (Photo: Eiichi Matsumoto)

被曝当時、集まっていた主任司祭の西田三郎氏以下信者 30 数人は全員死亡した＝ 1945 年 9 月上旬、長崎市浦上天主堂（撮影：松本栄一）

Urakami Cathedral, Nagasaki City. The head priest, Saburo Nishida and all 30 of his congregation, perished here
= Early September 1945 (Photo: Eiichi Matsumoto)

浦上天主堂の窓枠が飛び散っていた＝ 1945 年 9 月上旬、長崎市浦上天主堂（撮影：松本栄一）
The window frames were completely blown off at the Urakami Cathedral, Nagasaki City = Early September 1945 (Photo: Eiichi Matsumoto)

ちぎれた電柱の先端。浦上天主堂北方の田んぼのなかで。爆心地より北東 600m ＝ 1945 年 9 月上旬、長崎市上野町（撮影：松本栄一）
The top of a power pole broken off. Found in a rice field, north of the Urakami Cathedral. 600 meters northeast of the ground zero
= Early September 1945 at Ueno-machi, Nagasaki City (Photo: Eiichi Matsumoto)

焼け野原となった市街＝1945年9月上旬、長崎市（撮影：松本栄一）
City center reduced to a burnt wasteland = Early September 1945, in Nagasaki City (Photo: Eiichi Matsumoto)

下水の蓋も焼風で吹き飛ばされていた＝1945年9月上旬、長崎市（撮影：松本栄一）
Covers of the sewer drain were blown off by the blast wave = Early September 1945, Nagasaki City (Photo: Eiichi Matsumoto)

焼風によって壊れた建物＝1945年9月上旬、長崎市（撮影：松本栄一）
A building destroyed by the blast wave = Early September 1945, Nagasaki City (Photo: Eiichi Matsumoto)

焼風によって壊れた建物＝1945年9月上旬、長崎市（撮影：松本栄一）
A building destroyed by the blast wave = Early September 1945, Nagasaki City (Photo: Eiichi Matsumoto)

焼風によって壊れた建物＝1945年9月上旬、長崎市（撮影：松本栄一）
A building destroyed by the blast wave = Early September 1945, Nagasaki City (Photo: Eiichi Matsumoto)

焼風によって壊れた建物＝1945年9月上旬、長崎市（撮影：松本栄一）
A building destroyed by the blast wave = Early September 1945, Nagasaki City (Photo: Eiichi Matsumoto)

疎開移転したあとを三菱長崎造船所が借り受け、船舶の部品なとを製作していた。
学徒動員で作業していた女学生ほか職員なと200余名が即死した＝1945年9月上旬、長崎県立盲唖学校南側崖下（撮影：松本栄一）

The Nagasaki Prefectural School for the Deaf and Blind. Following the evacuation and relocation of teachers and pupils, the school was used by the Mitsubishi Heavy Industries Nagasaki Shipyard to manufacture ship parts. Over 200 workers, including female students mobilized for the production labor, perished = Early September 1945 from the botom of a cliff, south of the school, Nagasaki City (Photo: Eiichi Matsumoto)

1945年9月上旬、長崎造船所工場2階内部（撮影：松本栄一）
Early September 1945, 2nd floor of the factory of the Mitsubishi Heavy Industries Nagasaki Shipyard,
set up at the site of the Nagasaki Prefectural School for the Deaf and Blind.(Photo: Eiichi Matsumoto)

三菱造船所盲唖学校工場2階の機械工場（爆心より北東へ550m）。市外へ疎開した県立盲唖学校跡を三菱造船が借りていた。
工場の全死亡者数は265人で生存者は10パーセントにすぎない。女子挺身隊、動員の女子学徒などその多くが女性だった
＝ 1945年9月上旬、長崎市上野町（撮影：松本栄一）

2nd floor of the factory of the Mitsubishi Heavy Industries Nagasaki Shipyard, set up at the site of the Nagasaki Prefectural School for the Deaf and Blind. 550 meters northeast of the ground zero. Following the evacuation of pupils to suburbs, the Shipyard commissioned the school for use as a production facility. The number of dead found in the factory totaled 265. Less than 10% survived the blast. The majority of workers were females from the women's volunteer corps and female students mobilized for the production labor = Early September 1945, Ueno-machi, Nagasaki City (Photo: Eiichi Matsumoto)

原爆の被災地を望む＝1945年9月上旬、長崎市（撮影：松本栄一）

Area devastated by the atomic bomb = Early September 1945, Nagasaki City (Photo: Eiichi Matsumoto)

爆心地方面を望む＝1945年9月上旬、長崎市（撮影：松本栄一）

View towards the ground zero = Early September 1945, Nagasaki City (Photo: Eiichi Matsumoto)

爆心地方面を望む＝1945年9月上旬、長崎市（撮影：松本栄一）

View towards the ground zero = Early September 1945, Nagasaki City (Photo: Eiichi Matsumoto)

城山国民学校は、爆心地にもっとも近い小学校だった
（爆心地から西へ500m）。建物と人員の損傷率もきわめて高かった。
校舎は本館、旧館とも鉄筋コンクリート3階建てだったが本館は
土台から西方にかたむき、各階とも内部が破壊され、
3階の一部は外壁もろとも崩壊した。
その上、2、3階は火災を起こし全焼した。
同校の教師・職員32人のうち助かったのは4人だけ。
校舎内外で勤務していた学徒動員の女学生らを含めると、
同校にいた152人のうち133人が死亡した。
児童では在籍推定1500人のうち1400人余りが家庭で死亡した。
手前は帝国酸素浦上工場＝1945年9月上旬、長崎市城山町
（撮影：松本栄一）

Shiroyama Primary School was the closest primary school to the ground zero (500 meters west). Damage to the buildings and casualty rates here were extremely high. Both the main building and old wing were 3 stories buildings using reinforced concrete. The main building leans to the west from its foundations and the interior on all floors was totally destroyed.
The exterior walls in some parts of the top floors were also totally destroyed. The 2nd and 3rd floors were burnt down by fire. Only four of the 32 teachers and staffs survived.133 of the 152 people on the school premises lost their lives, including female students mobilized for the work inside and outside the buildings. 1,400 of the estimated 1,500 pupils enrolled at the school perished at their houses. Ruins of the Teikoku Sanso (Oxygen) Factory can be seen in the foreground = Early September 1945 at Shiroyama-machi Nagasaki City (Photo: Eiichi Matsumoto)

城山国民学校本館南校舎北側の西階段＝1945年9月上旬、
長崎市城山町（撮影：松本栄一）

West staircase on the northern side of the south wing of Shiroyama Primary School
= Early September 1945, Shiroyama-machi, Nagasaki City (Photo: Eiichi Matsumoto)

城山国民学校南棟の北側の西階段 = 1945 年 9 月上旬、長崎市城山町（撮影：松本栄一）
West staircase on the northern side of the south wing of Shiroyama Primary School
= Early September 1945, Shiroyama-machi, Nagasaki City (Photo: Eiichi Matsumoto)

城山国民学校＝1945年9月上旬、長崎市城山町（撮影：松本栄一）

Shiroyama Primary School = Early September 1945, Shiroyama-machi, Nagasaki City (Photo: Eiichi Matsumoto)

爆心地から西 500 m にあった城山国民学校
＝1945年9月上旬、長崎市城山町（撮影：松本栄一）

Shiroyama Primary School. 500 meters west of the ground zero
= Early September 1945, Shiroyama-machi, Nagasaki City
(Photo: Eiichi Matsumoto)

爆心地の西南約 500 m にあった鎮西学院（活水女子高校・中学校）
＝1945年9月上旬、長崎市宝栄町（撮影：松本栄一）

Shiroyama Primary School. 500 meters west of the ground zero
= Early September 1945, Shiroyama-machi, Nagasaki City
(Photo: Eiichi Matsumoto)

長崎鎮西中学校の遠望＝1945年9月上旬、長崎鎮西中学校
（撮影：松本栄一）

View from distance of the Chinzei Middle School, Nagasaki City
= Early September 1945 (Photo: Eiichi Matsumoto)

爆心地から西 500 m にあった城山国民学校＝1945年9月上旬、長崎市城山町（撮影：松本栄一）

A private school named Chinzei Gakuin. 500 meters southwest of the ground zero.
Kwassui Girls Senior and Junior High School now locate at this site = Early September 1945, Hoei-machi, Nagasaki City
(Photo: Eiichi Matsumoto)

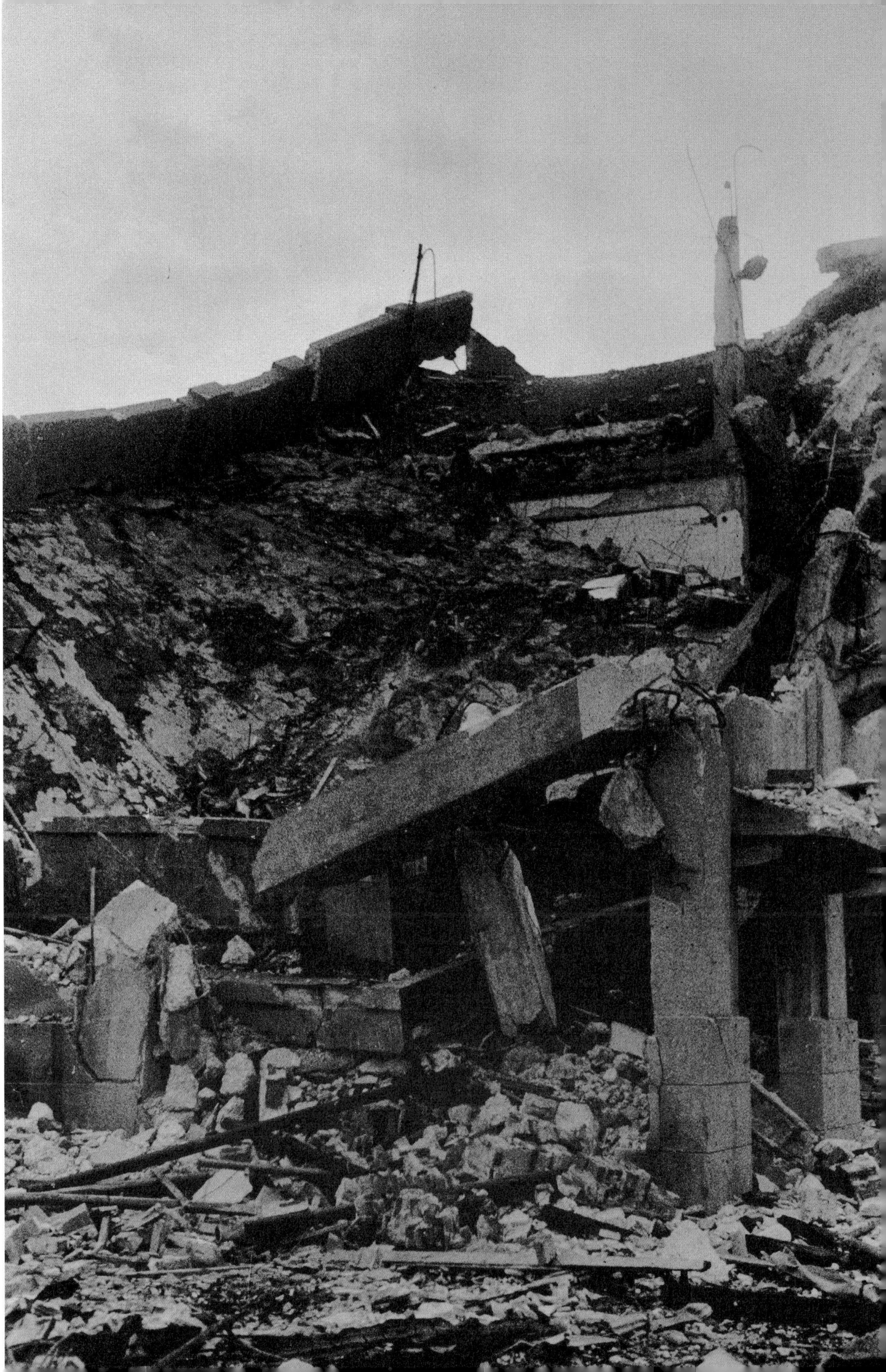

爆心地から西南 500 m。鎮西学院中学部＝1945 年 9 月上旬、長崎市宝栄町（撮影：松本栄一）

The Chinzei Middle School. 500 meters southwest of the ground zero = Early September 1945, Hoei-machi Nagasaki City
(Photo: Eiichi Matsumoto)

長崎鎮西学院遠望＝1945年9月上旬、
長崎市宝栄町（撮影：松本栄一）

View from distance of the Chinzei Middle School,
Nagasaki City = Early September 1945
(Photo: Eiichi Matsumoto)

爆風で倒れた建物。後方に見えるのは
長崎鎮西学院＝1945年9月上旬、
長崎市宝栄町（撮影：松本栄一）

A building toppled by the blast wave.
The Chinzei Middle School can be seen in
the distance = Early September 1945,
Hoei-machi, Nagasaki City
(Photo: Eiichi Matsumoto)

長崎鎮西中学校の遠望＝1945年9月上旬、
長崎市宝栄町（撮影：松本栄一）

View from distance of the Chinzei Middle School,
Nagasaki City = Early September 1945
(Photo: Eiichi Matsumoto)

城山国民学校の3階内部＝1945年9月上旬、長崎市（撮影：松本栄一）

Inside view of the 3rd floor of Shiroyama Primary School, Nagasaki City = Early September 1945 (Photo: Eiichi Matsumoto)

レンガ壁の亀裂 = 1945 年 9 月上旬、長崎市（撮影：松本栄一）
Crack in a brick wall = Early September 1945, Nagasaki City (Photo: Eiichi Matsumoto)

山里国民学校を正面から見る＝1945年9月上旬、長崎市
（撮影：松本栄一）

Frontal view of the Yamazato Primary School = Early September 1945, Nagasaki City (Photo: Eiichi Matsumoto)

渕国民学校の講堂（爆心より南西へ1.1km）。
三菱造船所の機械工場がここに疎開していて、
小型機械40台の設置を終え、8月10日から稼働の予定だった。
木造校舎には三菱電機製作所も疎開していた＝1945年9月上旬、
長崎市竹の久保町（撮影：松本栄一）

Lecture hall at the Fuchi Primary School.
1.1 km southwest of the ground zero. Escaping aerial bombings, the machinery factory of the Mitsubishi Heavy Industries Nagasaki Shipyard was relocated here and just finished setting up 40 small machines. The operation of the factory was to start on August 10. The Mitsubishi Electric Nagasaki Manufacturing and Foundry Plant was also relocated into the timber building of this school = Early September 1945, Takenokubo-machi, Nagasaki City (Photo: Eiichi Matsumoto)

爆心から約950mの校舎は全壊し、斜面の並木がなぎ倒されていた。職員と生徒約60名が即死
＝1945年9月上旬、長崎瓊浦中学校正門に向けて東からのぼる坂道（撮影：松本栄一）

The building of the Keiho Junior High School, located about 950 meters from the ground zero, was totally destroyed and the line of trees on the slope knocked down. About 60 staff and students lost their lives = Early September 1945 at the slope climbing east towards the front gate of the School, Nagasaki City (Photo: Eiichi Matsumoto)

なぎ倒された長崎瓊浦中学校の並木＝ 1945 年 9 月上旬（撮影：松本栄一）
Line of trees in front of the Keiho Junior High School, Nagasaki City,
knocked down by the blast wave = Early September 1945
(Photo: Eiichi Matsumoto)

爆風で吹き飛んだ壁＝ 1945 年 9 月上旬、長崎市（撮影：松本栄一）
The wall blown away by the blast wave = Early September 1945,
Nagasaki City (Photo: Eiichi Matsumoto)

1945 年 9 月上旬、長崎市興善町・新興善国民学校特設救護病院（撮影：松本栄一）
The temporaly first-aid station set up at the Shinkozen Primary School, Kozen-machi, Nagasaki City = Early September 1945
(Photo: Eiichi Matsumoto)

長崎要塞司令部構内。空襲警報が解除になり、屋上の監視所から降りて来た監視兵は、帯剣をはずして板壁の釘に掛け、
上衣のボタンをはずしているところで閃光を浴びた。板壁には、その影になった部分だけのタール塗料が焼け残った。爆心から約 3.5km ＝
1945 年 9 月上旬、長崎市南山手町（撮影：松本栄一）

At the Nagasaki Fortress HQ, 3.5 km south-southeast of the ground zero, a monitoring soldier was climbing down from his perch after the air raid alert was lifted.
He removed the sword from his belt and hanging it on a peg on the panel board. He undid the buttons of his uniform when he basked in the flash of the blast.
His silhouette appeared on the board, because the flash did not burn the areas where his body casts shadow
= Early September 1945, Minamiyamate-machi, Nagasaki City (Photo: Eiichi Matsumoto)

長崎要塞司令部（爆心より南南東へ3.5km）では、空襲警報が解除になって降りてきた監視兵が、
帯剣をはずして羽目板の釘にかけ、上衣のボタンをはずしているところに閃光を浴びた。
板壁にその影の部分だけのタール塗料が焼け残った＝1945年9月上旬、長崎市南山手町（撮影：松本栄一）

At the Nagasaki Fortress HQ, 3.5 km south-southeast of the ground zero, a monitoring soldier was climbing down from his perch after the air raid alert was lifted. He removed the sword from his belt and hanging it on a peg on the panel board. He undid the buttons of his uniform when he basked in the flash of the blast. His silhouette appeared on the board, because the flash did not burn the areas where his body casts shadow
= Early September 1945, Minamiyamate-machi, Nagasaki City (Photo: Eiichi Matsumoto)

病室＝1945年9月上旬、長崎市興善町・新興善国民学校特設救護病院（撮影：松本栄一）

The patient's room at the temporaly first-aid station set up at the Shinkozen Primary School, Kozen-machi, Nagasaki City
= Early September 1945 (Photo: Eiichi Matsumoto)

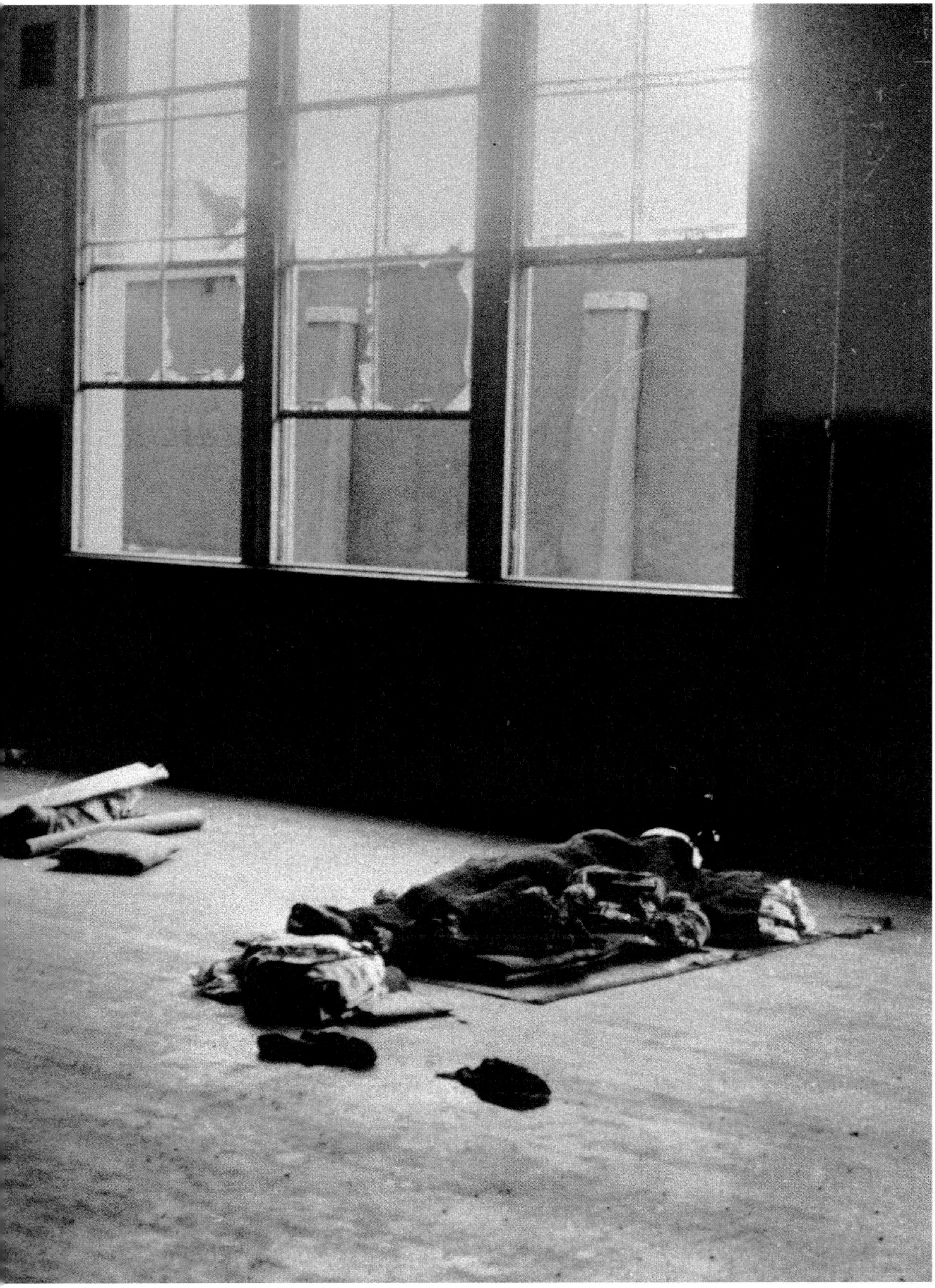

爆心地から北 1.3km。
長崎兵器大橋工場技術部魚雷試験場
= 1945 年 9 月上旬（撮影：松本栄一）

1.3 km north of the ground zero.
The Torpedo Testing Facility of the Engineering Department of the Mitsubishi Heavy Industries Nagasaki Weapon Factory = Early September 1945, Nagasaki City (Photo: Eiichi Matsumoto)

遺骨係＝ 1945 年 9 月上旬、長崎市興善町・新興善国民学校特設救護病院（撮影：松本栄一）

Officers in charge of the handling of cremated bones at the temporaly first-aid station set up at the Shinkozen Primary School, Kozen-machi, Nagasaki City = Early September 1945 (Photo: Eiichi Matsumoto)

長崎兵器大橋工場＝ 1945 年 9 月上旬
（撮影：松本栄一）

The Mitsubishi Heavy Industries Nagasaki Weapon Factory, Ohashi Plant = Early September 1945, Nagasaki City (Photo: Eiichi Matsumoto)

引き取り手のない遺骨は日毎に増えていった＝ 1945 年 9 月上旬、長崎市興善町・新興善国民学校特設救護病院（撮影：松本栄一）
At the temporaly first-aid station set up at the Shinkozen Primary School, Kozen-machi, Nagasaki City.
The amount of the cremated bones was increasing everyday , with no-one to collect them = Early September 1945 (Photo: Eiichi Matsumoto)

三菱製鋼長崎製鋼所第1工場＝1945年9月上旬、長崎市茂里町
（撮影：松本栄一）

Mitsubishi Nagasaki Steel Works No.1 Plant = Early September 1945,
Mori-machi, Nagasaki City (Photo: Eiichi Matsumoto)

三菱製鋼長崎製鋼所第1工場。
爆風を画面右から受けたこの建屋では外壁の鉄板、
屋根のトタン板が飛散した＝1945年9月上旬、
長崎市茂里町（撮影：松本栄一）

Mitsubishi Nagasaki Steel Works No.1 Plant. The blast wave hit this building
from the right, blew away the steel sheets of its exterior walls
and the panels of the zinc roof = Early September 1945, Mori-machi,
Nagasaki City (Photo: Eiichi Matsumoto)

三菱製鋼長崎製鋼所第1工場＝1945年9月上旬、長崎市茂里町
（撮影：松本栄一）

Mitsubishi Nagasaki Steel Works No.1 Plant = Early September 1945,
Mori-machi, Nagasaki City (Photo: Eiichi Matsumoto)

三菱製鋼長崎製鋼所第1工場＝1945年9月上旬、長崎市茂里町
（撮影：松本栄一）

Mitsubishi Nagasaki Steel Works No.1 Plant = Early September 1945,
Mori-machi, Nagasaki City (Photo: Eiichi Matsumoto)

三菱製鋼長崎製鋼所第1工場。
爆風を画面右から受けたこの建屋では外壁の鉄板、屋根のトタン板が飛散した＝1945年9月上旬、長崎市茂里町（撮影：松本栄一）

Mitsubishi Nagasaki Steel Works No.1 Plant. The blast wave hit this building from the right, blew away the steel sheets of its exterior walls
and the panels of the zinc roof = Early September 1945, Mori-machi, Nagasaki City (Photo: Eiichi Matsumoto)

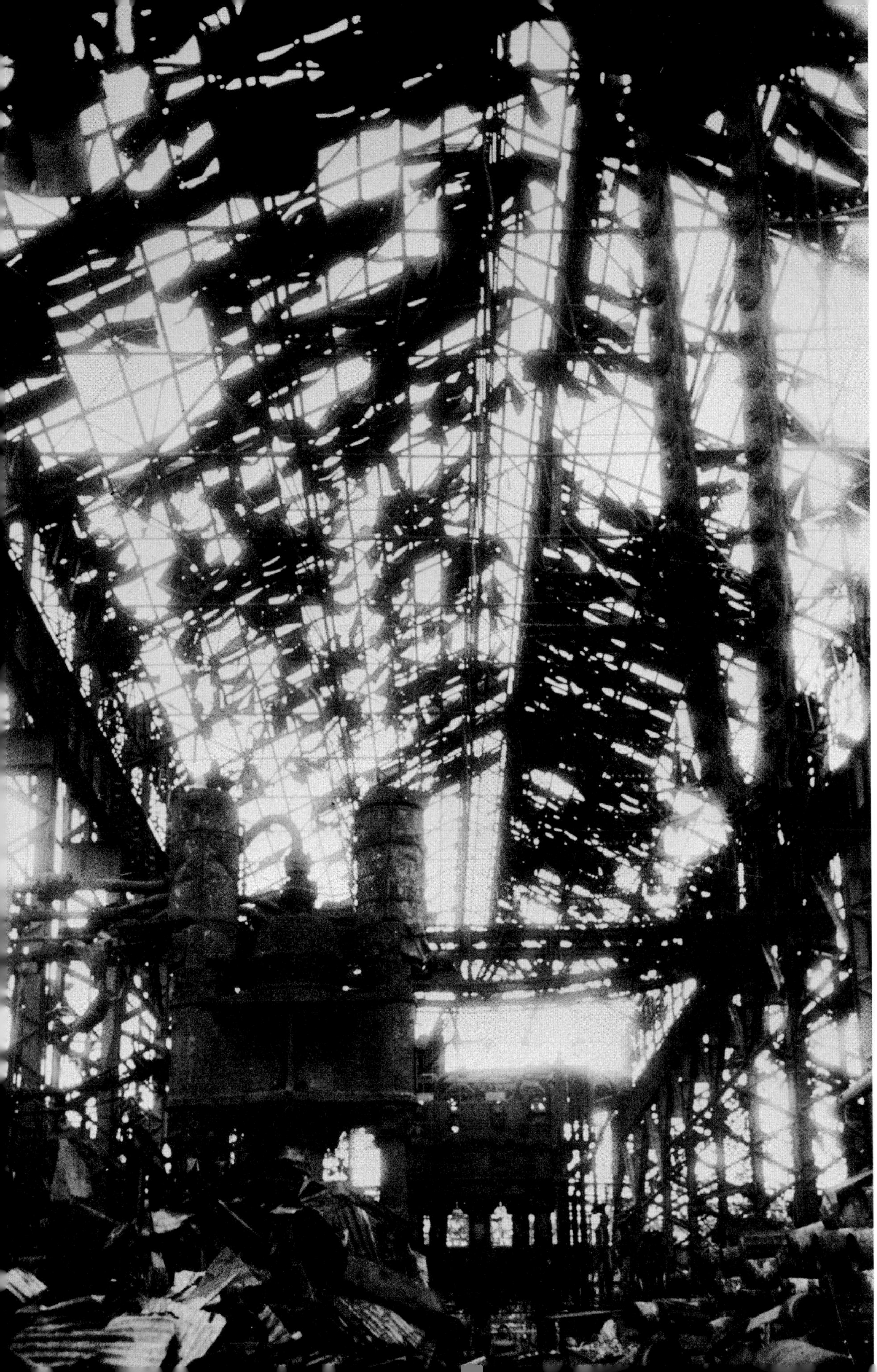

三菱製鋼長崎製鋼所第 2 工場の内部 = 1945 年 9 月上旬、長崎市茂里町（撮影：松本栄一）
Inside of the Mitsubishi Nagasaki Steel Works No.2 Plant
= Early September 1945, Mori-machi, Nagasaki City
(Photo: Eiichi Matsumoto)

三菱製鋼長崎製鋼所第 2 工場の内部 = 1945 年 9 月上旬、長崎市茂里町（撮影：松本栄一）
Inside view of the Mitsubishi Nagasaki Steel Works No.2 Plant
= Early September 1945, Mori-machi, Nagasaki City
(Photo: Eiichi Matsumoto)

三菱製鋼長崎製鋼所の鍛錬工場 = 1945 年 9 月上旬、長崎市茂里町（撮影：松本栄一）
The Foundry of the Mitsubishi Nagasaki Steel Works = Early September 1945, Mori-machi, Nagasaki City (Photo: Eiichi Matsumoto)

三菱製鋼長崎製鋼所の鍛錬工場＝1945年9月上旬、長崎市茂里町（撮影：松本栄一）
The Foundry of the Mitsubishi Nagasaki Steel Works = Early September 1945, Mori-machi, Nagasaki City (Photo: Eiichi Matsumoto)

三菱製鋼長崎製鋼所第2工場。爆心地から南約1.2km。
爆風を横から受けた工場建物はことごとく傾斜した。
屋根、側壁をおおっていたトタンは、紙切れのようにチリヂリになった。
ここで、約1700人の従業員中約900人が死んだ＝1945年9月上旬、
長崎市茂里町（撮影：松本栄一）
Mitsubishi Nagasaki Steel Works No.2 Plant. 1.2 km south of the ground zero. Hit by the blast wave from the side, all the buildings leaned. The steel sheets used on the roof and side walls was torn apart like paper. 900 of the estimated 1,700 employees working here perished = Early September 1945, Mori-machi, Nagasaki City (Photo: Eiichi Matsumoto)

三菱製鋼長崎製鋼所第2工場＝1945年9月上旬、長崎市茂里町
（撮影：松本栄一）
Mitsubishi Nagasaki Steel Works No.2 Plant = Early September 1945, Mori-machi, Nagasaki City (Photo: Eiichi Matsumoto)

三菱製鋼長崎製鋼所第2工場の内部＝1945年9月上旬、長崎市茂里町（撮影：松本栄一）

Inside view of the Mitsubishi Nagasaki Steel Works No.2 Plant = Early September 1945, Mori-machi, Nagasaki City (Photo: Eiichi Matsumoto)

三菱製鋼長崎製鋼所の工場。爆風のすさまじさを物語る＝ 1945 年 9 月上旬、長崎市茂里町（撮影：松本栄一）
Mitsubishi Nagasaki Steel Works. This photo tells of the devastation caused by the blast wave = Early September 1945, Mori-machi, Nagasaki City
(Photo: Eiichi Matsumoto)

三菱製鋼長崎製鋼所第 2 工場。爆心地から南約 1.2km。
爆風を横から受けた工場建物はことごとく傾斜した。
屋根、側壁をおおっていたトタンは、紙切れのようにチリヂリになった。
ここで、約 1700 人の従業員中約 900 人が死んだ
＝ 1945 年 9 月上旬、長崎市茂里町（撮影：松本栄一）

Mitsubishi Nagasaki Steel Works No.2 Plant. 1.2 km south of the ground zero. Hit by the blast wave from the side, all the buildings leaned.
The steel sheets used on the roof and side walls was torn apart like paper.
900 of the estimated 1,700 employees working here perished
= Early September 1945, Mori-machi, Nagasaki City
(Photo: Eiichi Matsumoto)

骨組みだけが残った鋳物工場＝ 1945 年 9 月上旬、長崎市茂里町
（撮影：松本栄一）

Only the steel framework of the foundry remained standing
= Early September 1945, Mori-machi, Nagasaki City
(Photo: Eiichi Matsumoto)

三菱重工長崎兵器製作所。鋳造工場内部の建物は大破し、電気炉から流れ出した鉄がそのまま固まっている。爆心から約 1400m ＝ 1945 年 9 月上旬、長崎市茂里町（撮影：松本栄一）

The Mitsubishi Heavy Industries Nagasaki Weapon Factory. Inside the foundry building was smashed up and the melted iron flowed from the electric furnace left to harden. Approx. 1,400 meters from the ground zero = Early September 1945, Mori-machi, Nagasaki City (Photo: Eiichi Matsumoto)

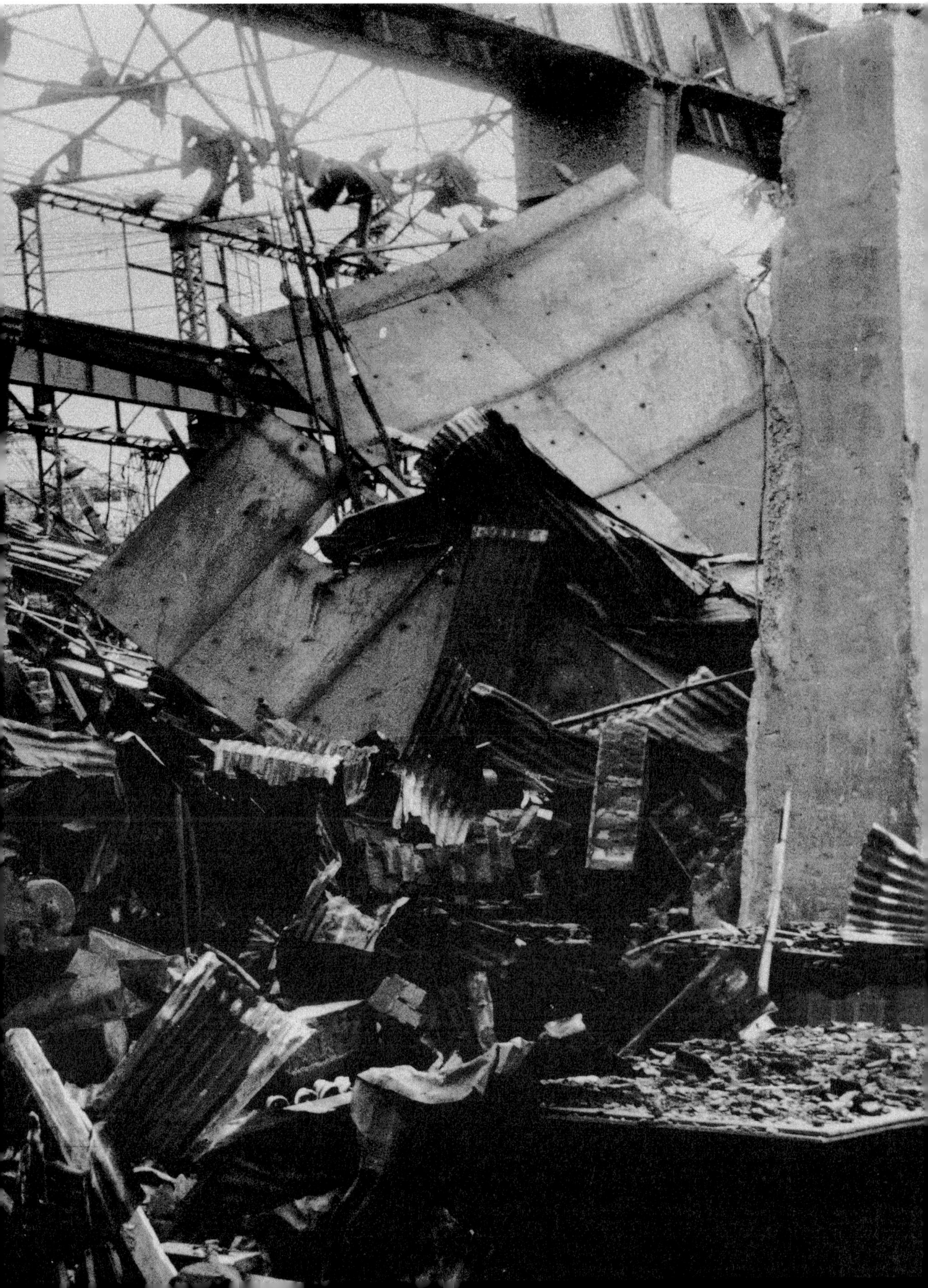

三菱製鋼長崎製鋼所＝1945年9月上旬、長崎市茂里町（撮影：松本栄一）
Mitsubishi Nagasaki Steel Works = Early September 1945, Mori-machi, Nagasaki City (Photo: Eiichi Matsumoto)

三菱製鋼長崎製鋼所の工場内
＝ 1945 年 9 月上旬、長崎市茂里町
（撮影：松本栄一）

Inside view of a factory of the Mitsubishi Nagasaki Steel Works = Early September 1945, Mori-machi, Nagasaki City (Photo: Eiichi Matsumoto)

三菱製鋼長崎製鋼所の工場の被害
＝ 1945 年 9 月上旬、長崎市茂里町
（撮影：松本栄一）

View of the dameged inside of a factory of the Mitsubishi Nagasaki Steel Works
= Early September 1945, Mori-machi, Nagasaki City (Photo: Eiichi Matsumoto)

三菱製鋼長崎製鋼所の工場の被害
＝ 1945 年 9 月上旬、長崎市茂里町
（撮影：松本栄一）

View of the dameged inside of a factory of the Mitsubishi Nagasaki Steel Works
= Early September 1945, Mori-machi, Nagasaki City (Photo: Eiichi Matsumoto)

爆風によって壊れた土蔵＝ 1945 年 9 月上旬、長崎市（撮影：松本栄一）
A storehouse with thick mortar walls toppled by the blast wave = Early September 1945, Nagasaki City
(Photo: Eiichi Matsumoto)

爆風によって壊れた土蔵＝ 1945 年 9 月上旬、
長崎市（撮影：松本栄一）

A storehouse with thick mortar walls toppled by the blast wave
= Early September 1945, Nagasaki City (Photo: Eiichi Matsumoto)

爆風によって壊れた土蔵＝ 1945 年 9 月上旬、長崎市（撮影：松本栄一）

A storehouse with thick mortar walls toppled by the blast wave
= Early September 1945, Nagasaki City
(Photo: Eiichi Matsumoto)

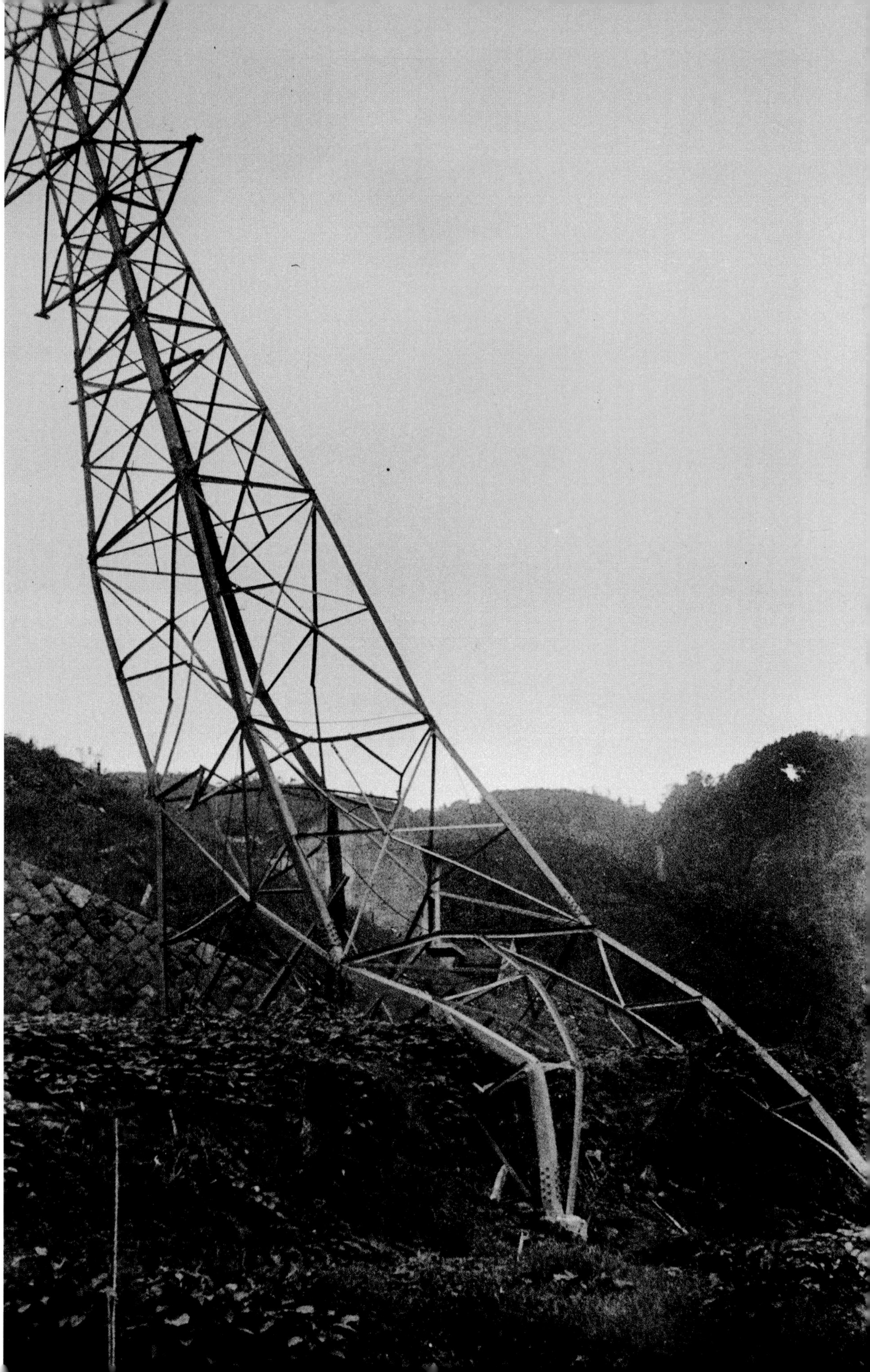

原子爆弾の被害地は、70年間にわたって、不毛の地となるであろう…との外電が流れた。
だが、爆心地近くのがれきの間からは草花がたくましく育っていた＝1945年9月上旬、長崎市（撮影：松本栄一）

A foreign media reported that the area affected by the atomic bomb would remain barren for up to 70 years...
but here in Nagasaki City, plants grow robustly from the rubble = Early September 1945 (Photo: Eiichi Matsumoto)

被爆地を望む＝1945年9月上旬、長崎市（撮影：松本栄一）

View of the disaster-stricken area = Early September 1945,
Nagasaki City (Photo: Eiichi Matsumoto)

銭座国民学校（爆心より南へ1.5km）付近。
右端遠方に八千代町のガスタンクがかすかに見える
＝1945年9月上旬、長崎市銭座町（撮影：松本栄一）

Area around Zenza Primary School. 1.5 km south of the ground zero.
You can see the Yachiyo-machi gashole in the distance to the far right
= Early September 1945, Zenza-machi, Nagasaki City
(Photo: Eiichi Matsumoto)

爆心の西側、稲佐山山腹の鉄塔（爆心より南へ約1.3km前後）。
爆風に直角に走っていた送電線も爆風圧を受けて、折れ曲がった＝1945年9月上旬、長崎市城山町1～2丁目（撮影：松本栄一）

Transmission tower on the side of Mt. Inasa located 1.3 km from the ground zero. The blast wave, coming at right angle to the power lines,
bent the tower = Early September 1945, Shiroyama-machi 1-2 chome, Nagasaki City (Photo: Eiichi Matsumoto)

電停の線路＝1945年9月上旬、長崎市（撮影：松本栄一）
Tramway Tracks running through a tram stop = Early September 1945, Nagasaki City (Photo: Eiichi Matsumoto)

被災地＝1945年9月上旬、長崎市（撮影：松本栄一）
View of the disaster-stricken area = Early September 1945, Nagasaki City (Photo: Eiichi Matsumoto)

爆心地から南南西約230m地点＝1945年9月上旬、長崎市の電停の浜口町〜松山町の中間あたり（撮影：松本栄一）
230 meters south-southwest of the ground zero = Early September 1945, in the middle of Hamaguchi-machi and Matsuyama-machi tram stops, Nagasaki City (Photo: Eiichi Matsumoto)

爆心地から南へ 200m。
下ノ川の電車鉄橋は爆風で橋脚から 1m ずれていた
＝ 1945 年 9 月上旬、長崎市（撮影：松本栄一）

200 meters south of the ground zero.
The girder of the Shimonokawa Tram Bridge had moved 1 meter from its column by the blast wave = Early September 1945, Nagasaki City
(Photo: Eiichi Matsumoto)

1945 年 9 月上旬、長崎市（撮影：松本栄一）

Early September 1945, Nagasaki City (Photo: Eiichi Matsumoto)

遺骨を抱いて行く長崎市民。後方の建物は城山国民学校＝ 1945 年 9 月上旬（撮影：松本栄一）
A person carrying remains. The building in the back is the Shiroyama Primary School = Early September 1945, Nagasaki City (Photo: Eiichi Matsumoto)

爆風でなぎ倒された墓石＝1945年9月上旬、長崎市（撮影：松本栄一）

Gravestones displaced by the blast wave = Early September 1945, Nagasaki City (Photo: Eiichi Matsumoto)

爆風でなぎ倒された墓石
＝ 1945年9月上旬、長崎市
（撮影：松本栄一）

Gravestones displaced by the blast wave
= Early September 1945, Nagasaki City
(Photo: Eiichi Matsumoto)

1945年9月上旬、長崎市（撮影：松本栄一）

Early September 1945, Nagasaki City (Photo: Eiichi Matsumoto)

1945年9月上旬、長崎市（撮影：松本栄一）

Early September 1945, Nagasaki City (Photo: Eiichi Matsumoto)

長崎市山里町の高台から市街地を望む。
手前のコンクリート塀は崩落をまぬがれた。
爆心地から東南約 100m = 1945 年 9 月上旬（撮影：松本栄一）

View of the downtown area from a hill at Yamazato-machi, Nagasaki City. The concrete wall in the foreground was left standing. 100 meters southeast of the ground zero = Early September 1945 (Photo: Eiichi Matsumoto)

崩れ落ちた石垣 = 1945 年 9 月上旬、長崎市山里町付近（撮影：松本栄一）

Toppled stone wall = Early September 1945, near Yamazato-machi, Nagasaki City (Photo: Eiichi Matsumoto)

山里町の高台から北方面を望む。正面の白い建物は長崎県立盲唖学校（撮影：松本栄一）

Northward View from a hill at Yamazato-machi, Nagasaki City. The white building in front is a school for the deaf and blind = (Photo: Eiichi Matsumoto)

丘から爆心地方面を望む = 1945 年 9 月上旬、長崎市山里町（撮影：松本栄一）

View of the ground zero from a hill = Early September 1945, Yamazato-machi, Nagasaki City (Photo: Eiichi Matsumoto)

長崎医科大学附属病院 = 1945 年 9 月上旬、長崎市坂本町（撮影：松本栄一）

Nagasaki Medical College Hospital = Early September 1945, Sakamoto-machi, Nagasaki City (Photo: Eiichi Matsumoto)

爆心地から東南 100m。長崎市山里町高台中腹の民家の外壁 = 1945 年 9 月上旬（撮影：松本栄一）

100 meters southeast of the ground zero. The exterior wall of a house on the side of a hill at Yamazato-machi, Nagasaki City = Early September 1945 (Photo: Eiichi Matsumoto)

崩壊した電車と吹きあげられ電柱にひっかかった屋根＝1945年9月上旬、長崎市下ノ川鉄橋（爆心より南へ200m）北詰め（撮影：松本栄一）

Destroyed tram car and part of a roof blown and lodged on a telegraph pole = Early September 1945, north side of the Shimonokawa Bridge (200 meters south of the ground zero), Hiroshima City (Photo: Eiichi Matsumoto)

爆心から約800m。2本の煙突のうち1本が爆風で途中から折れ曲がった＝1945年9月上旬、長崎医科大学付属病院（撮影：松本栄一）
800 meters from the ground zero. One of the two chimney was crooked by the blast wave
= Early September 1945, Nagasaki Medical College Hospital, Nagasaki City (Photo: Eiichi Matsumoto)

山王神社への入口、一の鳥居前（爆心より南へ700m）。
この鳥居は、両側の2本の柱が爆心からの爆風に対して平行に立っていたため、倒壊をまぬがれた＝1945年9月上旬、長崎市岩川町（撮影：松本栄一）
The first Torii (entrance gate to the shrine) of the San'no Shrine. 700 meters south of the ground zero.
This Torii was left standing because it stood parallel to the blast wave = Early September 1945, Iwakawa-machi, Nagasaki City (Photo: Eiichi Matsumoto)

爆心地方面から望む。正面に大橋ガスタンクが見える
＝ 1945 年 9 月上旬、長崎市（撮影：松本栄一）
View from the ground zero. The Ohashi gasholder can be seen in the middle
= Early September 1945, Nagasaki City (Photo: Eiichi Matsumoto)

爆心地から北 1km。爆風に倒れた長崎市大橋町ガスタンク
＝ 1945 年 9 月上旬（撮影：松本栄一）
1 km north of the ground zero. Ohashi gasholder destroyed by the blast wave
= Early September 1945, Nagasaki City (Photo: Eiichi Matsumoto)

吹き飛ばされた市電＝ 1945 年 9 月上旬、長崎市（撮影：松本栄一）
City tram car blown off the tracks by the blast wave = Early September 1945, Nagasaki City (Photo: Eiichi Matsumoto)

吹き飛ばされた市電＝1945年9月上旬、長崎市（撮影：松本栄一）
City tram car blown off the tracks by the blast wave
= Early September 1945, Nagasaki City (Photo: Eiichi Matsumoto)

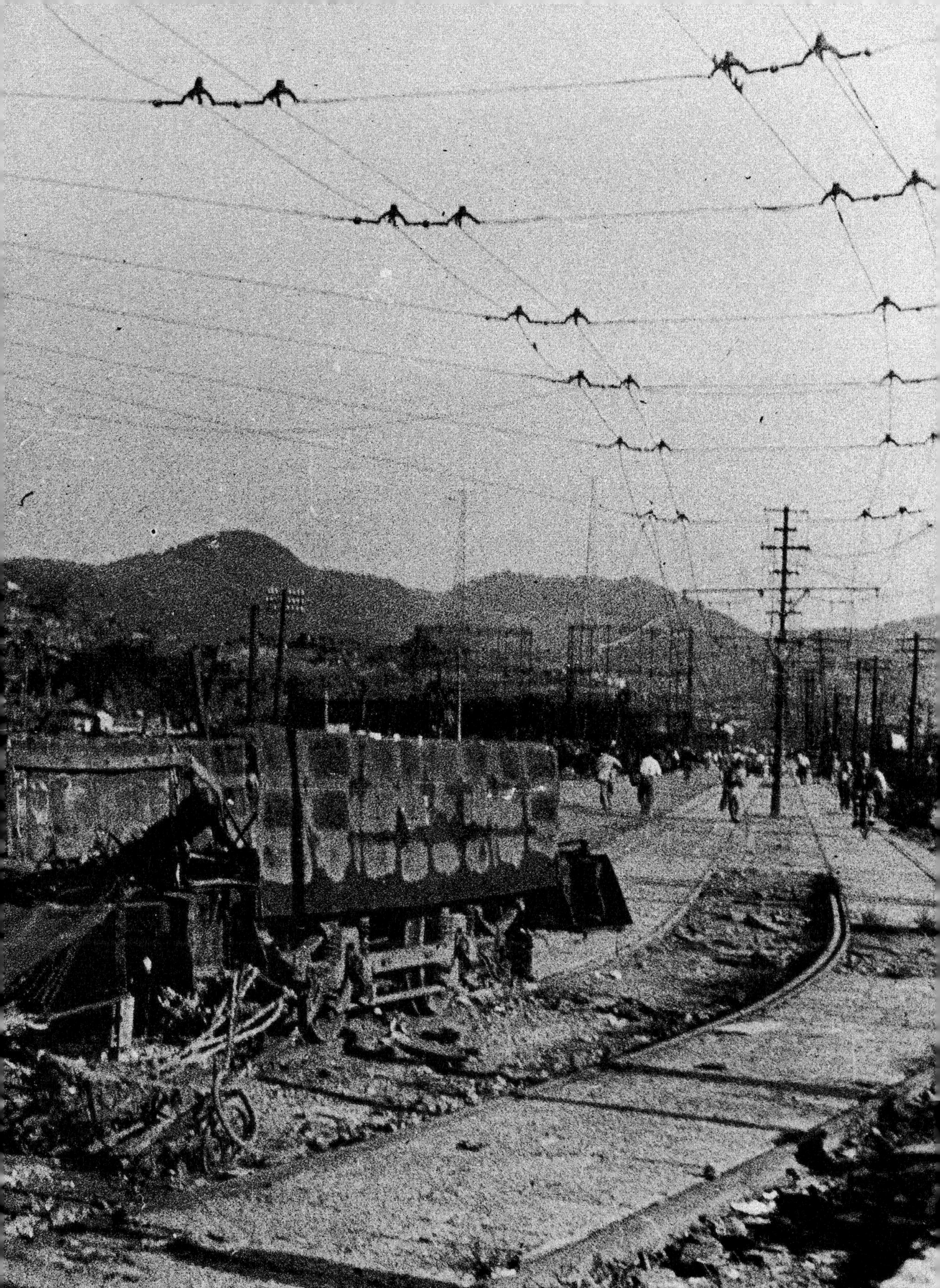

焼け残った家具をリヤカーで、新しい引っ越し先へ運ぶ親子＝1945年9月上旬、長崎駅前付近（撮影：松本栄一）
A family carting their charred furnitures to their new home = Early September 1945, near the front of the Nagasaki Station, Nagasaki City
(Photo: Eiichi Matsumoto)

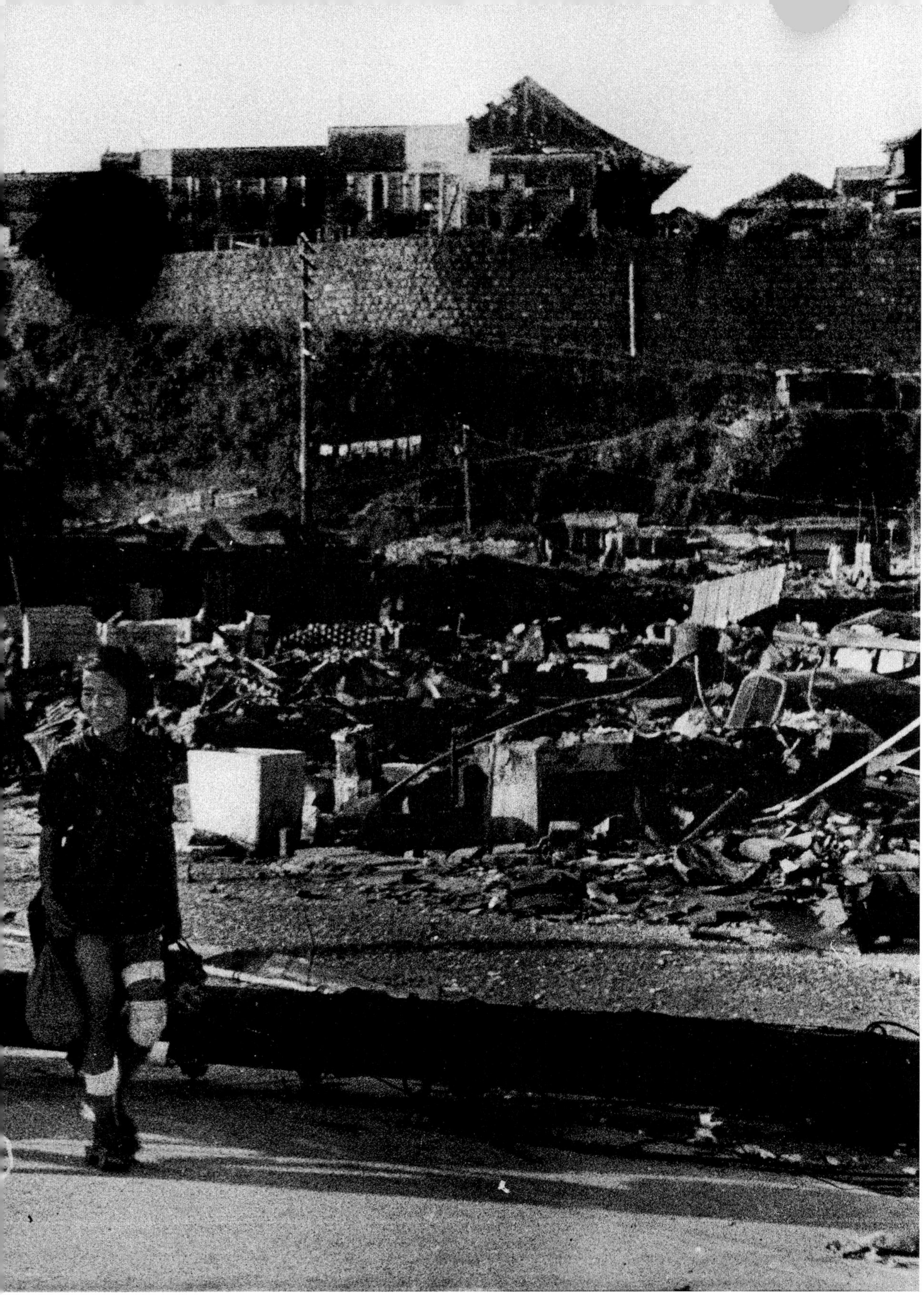

爆風によって崩れた崖と樹木＝1945年9月上旬、長崎市（撮影：松本栄一）

Toppled trees and failed cliff by the blast wave
= Early September 1945, Nagasaki City
(Photo: Eiichi Matsumoto)

被災地を望む＝1945年9月上旬、長崎市（撮影：松本栄一）

View of the disaster-stricken area
= Early September 1945, Nagasaki City
(Photo: Eiichi Matsumoto)

浦上川にかかる橋＝1945年9月上旬、長崎市（撮影：松本栄一）

A bridge over the Urakami River
= Early September 1945, Nagasaki City
(Photo: Eiichi Matsumoto)

爆風の風向きのせいか、奇跡的に破壊をまぬかれた石灯籠
＝ 1945 年 9 月上旬、長崎市（撮影：松本栄一）
Stone lanterns miraculously left standing probably because of the direction of the blast wave = Early September 1945, Nagasaki City
(Photo: Eiichi Matsumoto)

爆心地一帯＝ 1945 年 9 月上旬、長崎市松山町（撮影：松本栄一）
Around the ground zero = Early September 1945, Matsuyama-machi, Nagasaki City (Photo: Eiichi Matsumoto)

長崎市を流れる浦上川上流を見る。爆風圧でこわれた堤防。爆心地より西に 300m ＝ 1945 年 9 月上旬、梁橋西詰め（撮影：松本栄一）
Upstream view of the Urakami River from the west end of the Yana Bridge. 300 meters west of the ground zero
= Early September 1945, Nagasaki City (Photo: Eiichi Matsumoto)

なぎ倒された竹林。爆心地から西へ1km = 1945年9月上旬、
長崎市城山町、長崎マリア学園付近（撮影：松本栄一）

Flattened bamboo grove. 1 km west of the ground zero
= Early September 1945, near St. Maria's Kindergarten, Shiroyama-machi,
Nagasaki City (Photo: Eiichi Matsumoto)

爆風でなぎ倒された竹藪
＝ 1945年9月上旬、
長崎市城山町、長崎マリア学園付近
（撮影：松本栄一）

Bamboo grove flattened by
the blast wave = Early September
1945, near St. Maria's Kindergarten,
Nagasaki City
(Photo: Eiichi Matsumoto)

爆心地となった長崎市松山町方面を望む。
右手は三菱重工長崎兵器製作所の工場＝ 1945 年 9 月上旬
（撮影：松本栄一）
View of Matsuyama-machi, the ground zero.
The Mitsubishi Heavy Industries Nagasaki Weapon Factory can be seen on the right = Early September 1945, Nagasaki City (Photo: Eiichi Matsumoto)

被災地を望む＝ 1945 年 9 月上旬、長崎市（撮影：松本栄一）
View of the disaster-stricken area = Early September 1945, Nagasaki City (Photo: Eiichi Matsumoto)

爆心地側からみる＝ 1945 年 9 月上旬、長崎市浦上天主堂
（撮影：松本栄一）
View of the Urakami Cathedral, Nagasaki City from the ground zero
= Early September 1945 (Photo: Eiichi Matsumoto)

浦上天主堂は、浦上のカトリック信徒を中心に、30 年の歳月をかけて
赤レンガを 1 枚 1 枚と積みあげて完成したものだった。
ここも一瞬にしてドームは落ち、わずかに堂壁を残すだけとなった。
そして夜に入って炎上した＝ 1945 年 9 月上旬、長崎市浦上天主堂
（撮影：松本栄一）

View of the Urakami Cathedral, Nagasaki City.
This Cathedral was built by Catholic congregation here in Urakami, laying red bricks one by one over a period of 30 years.
The dome collapsed in an instant, leaving only the walls of its hall standing.
The Cathedral were further ravaged by fire that night
= Early September 1945 (Photo: Eiichi Matsumoto)

爆心地から北北西 90m。長崎市松山町交差点周辺で。右の丘の上に鎮西学院が見える。＝ 1945 年 9 月上旬（撮影：二瓶禎二）
90 meters north-northwest of the ground zero. Near the Matsuyama-machi intersection, Nagasaki City.
A private school named Chinzei Gakuin can be seen on the hillside = Early September 1945 (Photo: Teiji Nihei)

被災地＝ 1945 年 9 月上旬、長崎市（撮影：二瓶禎二）
View of the disaster-stricken area = Early September 1945, Nagasaki City (Photo: Teiji Nihei)

浦上天主堂の石畳に葉の痕跡だけを残して消えたタンポポ＝1945年9月上旬、長崎市（撮影：二瓶槇二）
Impression of a dandelion burnt into paving stones before it was vaporized = Early September 1945, Urakami Cathedral, Nagasaki City (Photo: Teiji Nihei)

破壊された浦上天主堂＝1945年9月上旬、長崎市本尾町（撮影：二瓶槇二）
A destroyed Urakami Cathedral = Early September 1945, Motoo-machi, Nagasaki City (Photo: Teiji Nihei)

原爆が投下されてから約1ヵ月経っても白骨があちこちに残る城山国民学校＝1945年9月上旬、長崎市城山町（撮影：二瓶禎二）

One month after the bomb, white bones still scattered around the playground of Shiroyama Primary School
= Early September 1945, Shiroyama-machi, Nagasaki City (Photo: Teiji Nihei)

爆心地西500mの城山国民学校の校庭には白骨が散らばっていた＝1945年9月上旬、長崎市城山町（撮影：二瓶禎二）

White bones still scattered around the playground of Shiroyama Primary School, 500 meters west of the ground zero
= Early September 1945, Shiroyama-machi, Nagasaki City (Photo: Teiji Nihei)

被災した市街地を望む＝ 1945 年 9 月上旬、長崎市（撮影：二瓶禎二）
View of the disaster-stricken city center = Early September 1945, Nagasaki City (Photo: Teiji Nihei)

爆心地から東北東 500m。浦上天主堂＝ 1945 年 9 月上旬、長崎市本尾町（撮影：二瓶禎二）
View of the Urakami Cathedral, 500 meters east-northeast of the ground zero = Early September 1945, Motoo-machi, Nagasaki City (Photo: Teiji Nihei)

爆心地から東北東 500m。長崎市のシンボルだった浦上天主堂も廃墟となった＝ 1945 年 9 月上旬（撮影：二瓶槇二）
Urakami Cathedral, a symbol of Nagasaki City, is left in ruins. 500 meters east-northeast of the ground zero =Early September 1945 (Photo: Teiji Nihei)

手前の煙突が林立しているのは三菱製鋼長崎製鋼所で丘の上に見えるのが山里国民学校＝ 1945 年 9 月上旬、長崎市（撮影：二瓶槇二）
Visible in the foreground is the Mitsubishi Nagasaki Steel Works with its numerous chimney stacks. The Yamazato Primary School is on the hill above = Early September 1945, Nagasaki City (Photo: Teiji Nihei)

浦上天主堂はカトリック信徒たちが 30 年の歳月をかけて完成させた建物
＝ 1945 年 9 月上旬、長崎市本尾町（撮影：二瓶槇二）
Urakami Cathedral was built over a period of 30 years by Catholic congregation in Urakami
= Early September 1945, Motoo-machi, Nagasaki City (Photo: Teiji Nihei)

爆心地から東北東 500m。長崎市のシンボルだった浦上天主堂も廃墟となった＝ 1945 年 9 月上旬（撮影：二瓶禎二）
Urakami Cathedral, a symbol of Nagasaki City, is left in ruins. 500 meters east-northeast of the ground zero =Early September 1945 (Photo: Teiji Nihei)

被災した市街地を望む
＝ 1945 年 9 月上旬、長崎市
（撮影：二瓶禎二）

View of the disaster-stricken city center
= Early September 1945,
Nagasaki City (Photo: Teiji Nihei)

被災した市街地を望む。
右手前の建物は長崎医科大学附属病院
＝ 1945 年 9 月上旬（撮影：二瓶禎二）

View of the disaster-stricken city center.
The building in the foreground is the Nagasaki
Medical College Hospital = Early September 1945,
Nagasaki City (Photo: Teiji Nihei)

長崎医科大学附属病院遠望
＝ 1945 年 9 月上旬（撮影：二瓶禎二）

Distant view of Nagasaki Medical College Hospital
= Early September 1945, Nagaski City
(Photo: Teiji Nihei)

浦上地区から浦上川河口、長崎港を望む＝ 1945 年 9 月上旬、長崎市（撮影：二瓶禎二）
View of Urakami River and Nagasaki Port from Urakami, Nagasaki City = Early September 1945 (Photo: Teiji Nihei)

爆風によってずれた墓石＝ 1945 年 9 月上旬、長崎市（撮影：二瓶禎二）
A gravestone displaced by the blast wave = Early September 1945, Nagasaki City (Photo: Teiji Nihei)

爆風によってずれた墓石＝ 1945 年 9 月上旬、長崎市（撮影：二瓶禎二）
A gravestone displaced by the blast wave = Early September 1945, Nagasaki City (Photo: Teiji Nihei)

放射熱で黒ずんでしまった浦上天主堂の聖像＝1945年9月上旬、長崎市（撮影：文部省学術研究会議　原子爆弾災害調査研究特別委員会）
Holy icon at the Urakami Cathedral, blackened by radiant heat = Early September 1945
(Photo: The Special Committee for Investigation on Atomic Bomb Disaster, National Research Council of Ministry of Education)

稲佐山方面。長崎のシンボルである稲佐山からの展望は随一。
天候の良い日は雲仙・天草・五島列島までも見える。
夜景も有名＝1945年8月20日、長崎市（撮影：森末太郎）
View toward Mt. Inasa. Splendid view from Mt. Inasa is the symbol of Nagasaki City. On a clear day one can see as far as Unzen, Amakusa, and the Goto Islands. Its night view is also famous = August 20, 1945, Nagasaki City (Photo: Suetaro Mori)

新興善国民学校から五島町越しに見た長崎港
＝1945年9月12日、長崎市（撮影：森末太郎）
View of the Nagasaki harbor from the Shinkozen Primary School across Goto-machi, Nagasaki City = September 12, 1945
(Photo: Suetaro Mori)

新興善国民学校から五島町方面を見る。長崎港には捕虜引き取りのため米艦船が停泊
＝1945年9月12日、長崎市（撮影：森末太郎）
View toward Goto-machi from Shinkozen Primary School. A US vessel anchored in Nagasaki harbor to take over war prisoners = September 12, 1945, Nagasaki City (Photo: Suetaro Mori)

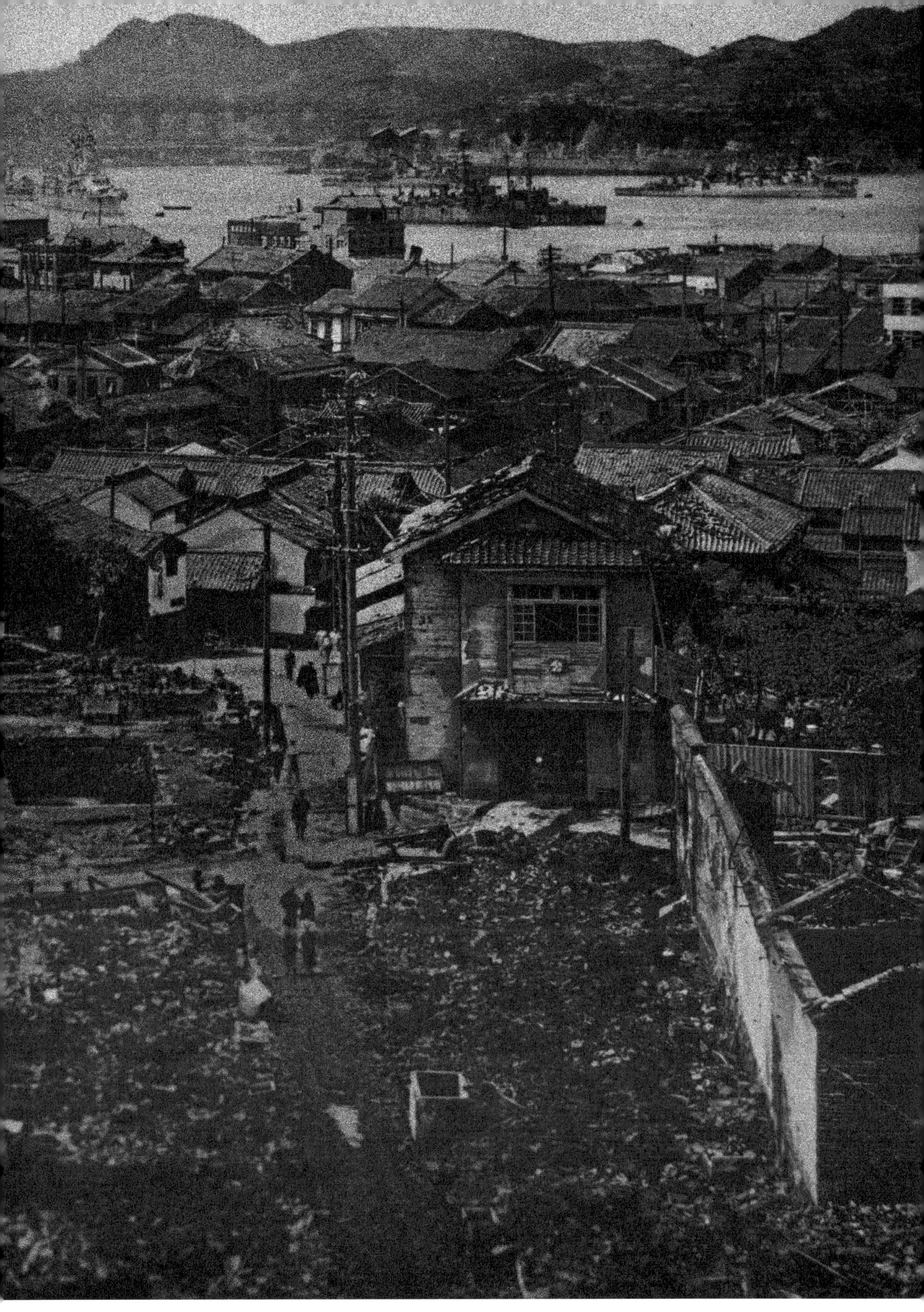

三菱長崎製鋼所第 2 工場の機械工場内部＝ 1945 年 9 月中旬
（撮影：文部省学術研究会議 原子爆弾災害調査研究特別委員会）
Inside of a machinery factory of the Mitsubishi Nagasaki Steel Works No.2 Plant = Mid-September 1945 (Photo: Special Committee for Investigation on Atomic Bomb Disaster, National Research Council of Ministry of Education)

三菱長崎製鋼所第 2 工場の機械工場内部＝ 1945 年 9 月中旬
（撮影：文部省学術研究会議 原子爆弾災害調査研究特別委員会）
Inside of a machinery factory of the Mitsubishi Nagasaki Steel Works No.2 Plant = Mid-September 1945 (Photo: Special Committee for Investigation on Atomic Bomb Disaster, National Research Council of Ministry of Education)

三菱長崎製鋼所の工場内に英文の貼り紙があった＝ 1945 年 9 月中旬（撮影：文部省学術研究会議 原子爆弾災害調査研究特別委員会）
A poster written in English found in the Mitsubishi Nagasaki Steel Works plant, Nagasaki City = Mid-September 1945
(Photo: Special Committee for Investigation on Atomic Bomb Disaster, National Research Council of Ministry of Education)

三菱長崎製鋼所第2工場＝1945年9月中旬
（撮影：文部省学術研究会議　原子爆弾災害調査研究特別委員会）

Mitsubishi Nagasaki Steel Works No.2 Plant = Mid-September 1945
(Photo: Special Committee for Investigation on Atomic Bomb Disaster, National Research Council of Ministry of Education)

三菱長崎製鋼所第2工場＝1945年9月中旬
（撮影：文部省学術研究会議　原子爆弾災害調査研究特別委員会）

Mitsubishi Nagasaki Steel Works No.2 Plant = Mid-September 1945
(Photo: Special Committee for Investigation on Atomic Bomb Disaster, National Research Council of Ministry of Education)

一面焼け野原となった市街地。後方に三菱長崎製鋼所が見える
＝1945年9月中旬
（撮影：文部省学術研究会議　原子爆弾災害調査研究特別委員会）

Entirely burnt city center with Mitsubishi Nagasaki Steel Works in the back
= Mid-September 1945, Nagasaki City
(Photo: Special Committee for Investigation on Atomic Bomb Disaster, National Research Council of Ministry of Education)

三菱長崎製鋼所第1工場内部
＝1945年9月中旬
（撮影：文部省学術研究会議　原子爆弾災害調査研究特別委員会）

Inside view of the Mitsubishi Nagasaki Steel Works No.1 Plant = Mid-September 1945, Nagasaki City (Photo: Special Committee for Investigation on Atomic Bomb Disaster, National Research Council of Ministry of Education)

三菱製鋼長崎製鋼所＝1945年9月中旬（撮影：文部省学術研究会議 原子爆弾災害調査研究特別委員会）

Mitsubishi Nagasaki Steel Works = Mid-September 1945, Nagasaki City
(Photo: Special Committee for Investigation on Atomic Bomb Disaster, National Research Council of Ministry of Education)

強烈な爆風と放射熱に焼かれた山王神社の鳥居 = 1945年9月中旬、長崎市（撮影：文部省学術研究会議 原子爆弾災害調査研究特別委員会）

The Torii (entrance gate to the shrine) of the San'no Shrine burnt by the strong blast wave and radioactive heat = Mid-September 1945
(Photo: Special Committee for Investigation on Atomic Bomb Disaster, National Research Council of Ministry of Education)

山王神社の二の鳥居の前に立つ菅義夫（右）、筒井俊正班員＝1945年9月中旬、長崎市（撮影：文部省学術研究会議 原子爆弾災害調査研究特別委員会）

Members of the Special Committee for Investigation on Atomic Bomb Disaster, Yoshio Suge and Toshimasa Tsutsui stand in front of the second Torii (entrance gate to the shrine) at San'no Shrine = Mid-September, 1945 (Photo: Special Committee for Investigation on Atomic Bomb Disaster, National Research Council of Ministry of Education)

山王神社の入口である一の鳥居が右端に見える＝ 1945 年 9 月中旬、長崎市（撮影：文部省学術研究会議 原子爆弾災害調査研究特別委員会）
The first Torii (entrance gate to the shrine) of the San'no Shrine, Nagasaki City can be seen on the right edge
= Mid-September 1945 (Photo: Special Committee for Investigation on Atomic Bomb Disaster, National Research Council of Ministry of Education)

焼けた石垣＝ 1945 年 9 月中旬、長崎市山王神社
（撮影：文部省学術研究会議 原子爆弾災害調査研究特別委員会）
Burnt stone wall of the San'no Shrine, Nagasaki City = Mid-September 1945
(Photo: Special Committee for Investigation on Atomic Bomb Disaster, National Research Council of Ministry of Education)

焼けた石垣＝ 1945 年 9 月中旬、長崎市山王神社
（撮影：文部省学術研究会議 原子爆弾災害調査研究特別委員会）
Burnt stone wall of the San'no Shrine, Nagasaki City = Mid-September 1945
(Photo: Special Committee for Investigation on Atomic Bomb Disaster, National Research Council of Ministry of Education)

浦上天主堂＝1945年9月中旬、長崎市
（撮影：文部省学術研究会議
原子爆弾災害調査研究特別委員会）

Urakami Cathedral, Nagasaki City = Mid-September 1945 (Photo: Special Committee for Investigation on Atomic Bomb Disaster, National Research Council of Ministry of Education)

浦上天主堂＝1945年9月中旬、長崎市
（撮影：文部省学術研究会議
原子爆弾災害調査研究特別委員会）

Urakami Cathedral = Mid-September 1945, Nagasaki City (Photo:Special Committee for Investigation on Atomic Bomb Disaster, National Research Council of Ministry of Education)

浦上天主堂＝1945年9月中旬、長崎市
（撮影：文部省学術研究会議
原子爆弾災害調査研究特別委員会）

Urakami Cathedral = Mid-September 1945, Nagasaki City (Photo:Special Committee for Investigation on Atomic Bomb Disaster, National Research Council of Ministry of Education)

爆風によってずれた外国人の墓石＝ 1945 年 9 月中旬、長崎市
（撮影：文部省学術研究会議 原子爆弾災害調査研究特別委員会）

Tombstone of a foreigner moved by the blast wave = Mid-September 1945, Nagasaki City (Photo: Special Committee for Investigation on Atomic Bomb Disaster, National Research Council of Ministry of Education)

爆風で倒れた墓石＝ 1945 年 9 月中旬、長崎市
（撮影：文部省学術研究会議 原子爆弾災害調査研究特別委員会）

A gravestone knocked down by the blast wave = Mid-September 1945, Nagasaki City (Photo:Special Committee for Investigation on Atomic Bomb Disaster, National Research Council of Ministry of Education)

調査の途中、飯盒で食事を作る班員たち＝ 1945 年 9 月中旬、長崎市
（撮影：文部省学術研究会議 原子爆弾災害調査研究特別委員会）

Members of the Special Committee for Investigation on Atomic Bomb Disaster prepare meals using mess kits during their investigation = Mid-September 1945, Nagasaki City (Photo: Special Committee for Investigation on Atomic Bomb Disaster, National Research Council of Ministry of Education)

すべて焼けてしまった長崎市の街
＝ 1945 年 9 月中旬、長崎市
（撮影：文部省学術研究会議
原子爆弾災害調査研究特別委員会）

Completely burnt city center of Nagasaki City
= Mid-September 1945, Nagasaki City
(Photo: Special Committee for Investigation on Atomic Bomb Disaster, National Research Council of Ministry of Education)

爆風によって倒れた松の中から、青々とした葉が出てきている＝1945年9月中旬、長崎市
（撮影：文部省学術研究会議 原子爆弾災害調査研究特別委員会）
Green leaves coming out of a pine tree knocked down by the blast wave = Mid-September 1945, Nagasaki City
(Photo: Special Committee for Investigation on Atomic Bomb Disaster, National Research Council of Ministry of Education)

長崎医科大学附属病院遠望＝1945年9月中旬
（撮影：文部省学術研究会議
原子爆弾災害調査研究特別委員会）
Perspective view of the Nagasaki Medical College Hospital = Mid-September 1945
(Photo: Special Committee for Investigation on Atomic Bomb Disaster, National Research Council of Ministry of Education)

至る所に荼毘をした跡があった。遺骨は引きとり手がわからないまま放置されていた＝1945年9月中旬、長崎市城山国民学校校庭
（撮影：文部省学術研究会議 原子爆弾災害調査研究特別委員会）
There were traces of cremation everywhere. The remains were left as it were, with no one claims them
= Mid-September 1945 at the playground of the Shiroyama Primary School, Nagasaki City
(Photo: Special Committee for Investigation on Atomic Bomb Disaster, National Research Council of Ministry of Education)

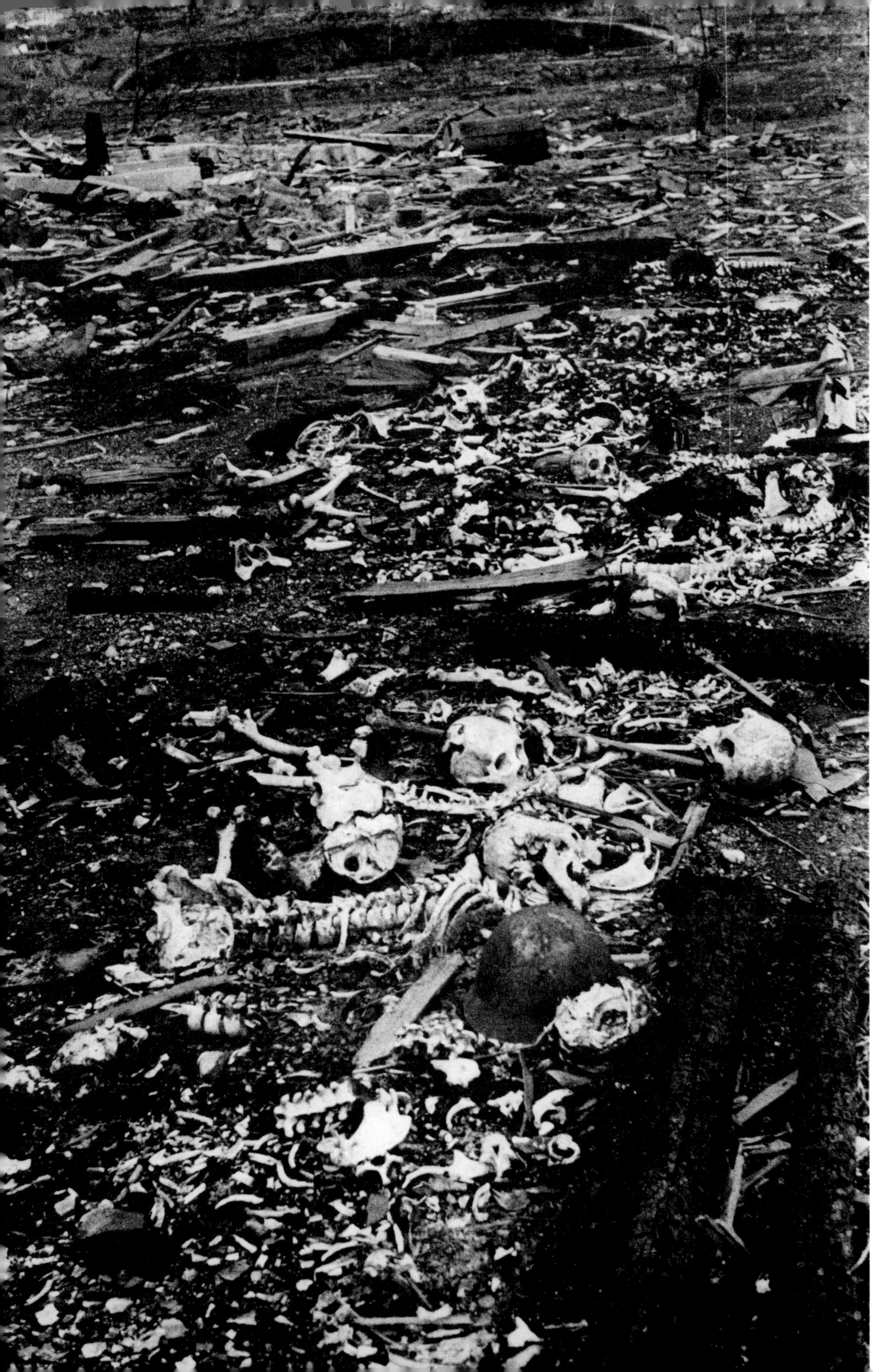

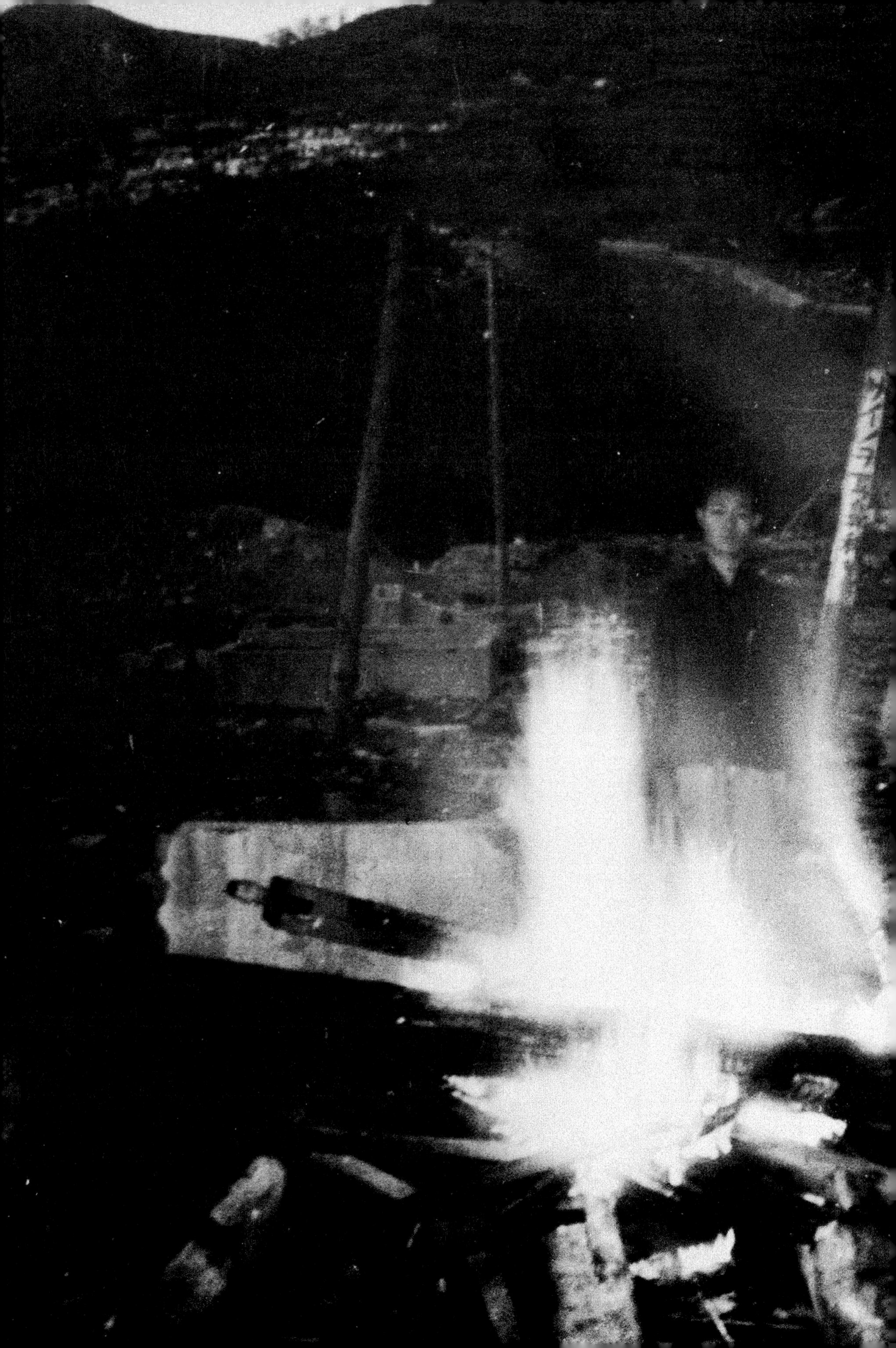

くる日もくる日も新たな死者の数がふえつづけていた。火葬が毎日どこかの空地で行われていた。
遺族の手で葬られるもの、最後の一人を見送る仲間、あるいは引き取り手のいない遺体…。
まだ暑さの残っている秋の夕暮れ、肉親を荼毘に付す家族の姿は淋しかった＝1945年9月中旬、長崎市浦上町（撮影：松本栄一）

The number of dead continued to rise everyday. Cremations at open spaces were a daily occurrence. The dead being cremated by relatives. People saying goodbye to their friends. Unclaimed bodies... This scene of a family cremating one of their member at a still heated autumn dusk, was deeply desolate = Mid-September 1945, Urakami-cho, Nagasaki City (Photo: Eiichi Matsumoto)"

中央左3階建の建物は外科病棟、右側2階建は手術室(古屋野外科)で
爆風と火災による損傷をうけている＝1945年10月中旬、長崎医科大学附属病院(撮影：林重男)

Nagasaki Medical College Hospital, Nagasaki City. The 3-story building on the left center is a surgery ward,
and the 2-story building on the right is a surgery building nnamed Koyano Surgery. Both buildings are damaged by the blast wave and fire
= Mid-October 1945 (Photo: Shigeo Hayashi)

8月1日の第5次空襲による高性能爆弾と8月9日の原爆で損傷をうけた外科手術棟南側
＝1945年10月中旬、長崎医科大学附属病院(撮影：林重男)

South side of the surgical operation ward of the Nagasaki Medical College Hospital, Nagasaki City. This ward was damaged by the 5th air raid
by high-explosive bombs on August 1 and by the atomic bomb raid on August 9 = Mid-October 1945 (Photo: Shigeo Hayashi)

手前は鉄骨フレームが損傷をうけずに残っているボイラー室。2本の煙突のうち1本は爆風により「くの字」に折れ曲がっている。
中央奥の山は穴弘法＝1945年10月中旬、長崎医科大学附属病院（撮影：林重男）

The building in the foreground is a boiler room of the Nagasaki Medical College Hospital, with steel frames undamaged.
One of the two chimneys is bent in a dogleg shape. The mountain in the center back is Mt. Anakobo = Mid-October 1945 (Photo: Shigeo Hayashi)

手前は山里国民学校（現在の山里小学校）の正門へ通じる道路。
中央右は防火水槽を兼ねたプール。中央の丘は長崎市橋口町、
右端は岡町の一部で、この一帯の住宅は爆風と火災により
全壊・全焼している。
中央奥に見える煙突のところは長崎刑務所浦上刑務支所
（現在の平和公園の場所）＝1945年10月中旬（撮影：林重男）

The road in the foreground leads to the front entrance of Yamazato
Primary School. On the right center is a swimming pool,
used also as a water tank for fire prevention. The hill in the center is
Hashiguchi-machi, and the right end is a part of Oka-machi, where all
houses were completely destroyed and burnt by the blast wave and fire.
The chimney in the center of the background is a part of Urakami Branch
of the Nagasaki Prison (current location of the Peace Park)
= Mid-October 1945, Nagasaki City (Photo: Shigeo Hayashi)

強烈な爆風により駐車中の電車は外形をとどめないほど破壊され、線路は枕木からはずれ、大きくわん曲している＝ 1945 年 10 月中旬、電車の大橋終点を南方より見る（撮影：林重男）

View of the Ohashi Tram Car Terminal, Nagasaki City, from the south. The parked tram cars were destroyed by the strong blast wave without any trace of their original shapes. The rails are ripped off from the crosstie, and curved substantially = Mid-October 1945 (Photo: Shigeo Hayashi)

強烈な爆風により右奥端の線路が枕木から、ずれて左に片寄っている ＝ 1945 年 10 月中旬、長崎市大橋終点付近の電車の線路（撮影：林重男）

View of the tram rail track near the Ohashi Terminal, Nagasaki City. The rail on the right back side is moved to the left from the crosstie by the strong blast wave = Mid-October 1945 (Photo: Shigeo Hayashi)

強烈な爆風により線路が枕木からはずれている。一番奥に見える線路は国鉄長崎本線（左、長崎駅〜右、道ノ尾駅方面に至る）。中央の煙突は雲仙耐火煉瓦工場の折れた煙突 ＝ 1945 年 10 月中旬、大橋終点の引込線と線路（撮影：林重男）

View of the tram railway sidings and rails near the Ohashi Terminal, Nagasaki City. The rails are ripped off from the crosstie by the strong blast wave. The railway track in the far is that of the Japan National Railway Nagasaki Main Line (Nagasaki Station to the left and Michinoo Station to the right). The broken chimney in the center is of Unzen Firebrick Factory = Mid-October 1945 (Photo: Shigeo Hayashi)

強烈な爆風と熱線により全壊・全焼している。奥の小高い山の右端は長崎市護国神社であるが、社殿は全壊・全焼して見えない＝ 1945 年 10 月中旬（撮影：林重男）

Buildings are completely destroyed and burnt by the strong blast and heat waves. The building on the right end of the small hill in the back is Gokoku Shrine. Its pavilions were destroyed and burnt down completely = Mid-October 1945, Nagasaki City (Photo: Shigeo Hayashi)

爆心地から東南へ 800m。山王神社の参道の二の鳥居と大楠＝ 1945 年 10 月中旬、長崎市（撮影：林重男）
800 meters southeast of the ground zero. The second Torii (entrance gate to the shrine) of the San'no Shrine and a big camphor tree = Mid-October 1945, Nagasaki City (Photo: Shigeo Hayashi)

瓦れきの中のインゲンマメ＝1945年10月中旬、長崎市山王神社下
（撮影：林重男）

Leaves of marrow bean grow in ruins at the bottom of the hill of
San'no Shrine = Mid-October 1945, Nagasaki City (Photo: Shigeo Hayashi)

山王神社参道石段の中間にある石灯籠。
灯籠は強烈な爆風により台座から少しずれ、角の一部に欠損がみられる。
右奥は二の鳥居の一部＝1945年10月中旬、長崎市山王神社参道
（撮影：林重男）

Stone lantern in the middle of the stone steps of the approach to
the San'no Shrine. The lantern, with one corner damaged, is moved slightly
from its base by the strong blast wave. On the right side of the background,
you can see a part of the second Torii (entrance gate to the shrine)
= Mid-October 1945, Nagasaki City (Photo: Shigeo Hayashi)

一本柱の鳥居は二の鳥居で、強烈な爆風により爆心地側の半分は
吹き飛ばされ、片方の半分が残った＝1945年10月中旬、
長崎市山王神社（撮影：林重男）

The second Torii (entrance gate to the shrine) of the Sanno Shrine,
with only one pillar remains. One half of the gate in the direction of the
ground zero was blown away by the strong blast wave.
The other half remained = Mid-October 1945, Nagasaki City
(Photo: Shigeo Hayashi)

一本柱の鳥居は山王神社の二の鳥居で、強烈な爆風により爆心地側の
半分は吹き飛ばされ、片方の半分が残っている。
左奥高台の建物は鎮西学院中学校（現在の活水中学・高等学校の場所）。
中央奥は城山国民学校（現在の城山小学校）。その後方の山は岩屋山。
この一帯の建物は爆風と熱線で全壊・全焼している＝1945年10月中旬、
長崎市山王神社（撮影：林重男）

The second Torii (entrance gate to the shrine) of the San'no Shrine, with only
one pillar remains. One half of the gate in the direction of the ground zero
was blown away by the strong blast wave and the other half remained.
The building on a hill left back is The Chinzei Gakuin Middle School
(currently is the place of Kwassui Senior and Junior High Schools).
In the center back is Shiroyama Primary School. The mountain behind is Mt.
Iwaya. All the buildings in this area were completely destroyed and burnt by
the blast and heat waves = Mid-October 1945, Nagasaki City
(Photo: Shigeo Hayashi)

手前および中央の民家は強烈な爆風と熱線により全壊・全焼している。その奥高台の建物は浦上天主堂。
右端は爆心地方面から浦上天主堂方面へ通じる道路＝ 1945 年 10 月中旬、長崎市（撮影：林重男）

Houses in the foreground and in the center were completely destroyed and burnt by the strong blast and heat waves.
The building on a hill in the background is the Urakami Cathedral. On the right is a road leading to the Cathedral from the ground zero
= Mid-October 1945, Nagasaki City (Photo: Shigeo Hayashi)

1945年10月中旬、長崎市浦上天主堂（撮影：林重男）
Mid-October 1945, Urakami Cathedral, Nagasaki City
(Photo: Shigeo Hayashi)

正面入口の壁には大きな亀裂が入ったが、倒れずに残っている。
原爆の炸裂と同時に堂壁の一部を残して崩壊した天主堂は
夜に入って炎上した。この日、堂内にいた2人の神父と20数人の信徒は、
下敷きとなり死亡した＝1945年10月中旬、
長崎市浦上天主堂（撮影：林重男）

The Urakami Cathedral, Nagasaki City. The wall of the front entrance still
stands in spite of the big cracks. Except for this part,
the Cathedral was smashed down completely at the moment of the explosion
of the atomic bomb. It caught fire on the night.
2 priests and more than 20 followers buried under the debris and perished
= Mid-October 1945 (Photo: Shigeo Hayashi)

堂壁には大きな亀裂が見られ、入口の手前および内部には崩壊した
壁の上部が堆積している＝1945年10月中旬、
長崎市浦上天主堂正面入口（撮影：林重男）

The front entrance of the Urakami Cathedral, Nagasaki City.
There is a big cracks on the wall. The debris of the broken upper part of the
wall scattered in and out of the entrance = Mid-October 1945
(Photo: Shigeo Hayashi)

焼け残った聖堂の南西部分を見る。左側正面入口および
右側南西入口付近には崩壊した上部の壁が堆積している
＝1945年10月中旬、長崎市浦上天主堂敷地内（撮影：林重男）

The southwestern part of the Urakami Cathedral, Nagasaki City.
The debris of the broken upper part of the wall scattered around the front
entrance (left) and the southwest entrance (right) = Mid-October 1945
(Photo: Shigeo Hayashi)

浦上天主堂の鐘＝ 1945 年 10 月中旬、長崎市浦上天主堂（撮影：林重男）
The Bell Tower of the Urakami Cathedral, Nagasaki City
= Mid-October 1945 (Photo: Shigeo Hayashi)

浦上天主堂＝ 1945 年 10 月中旬、長崎市（撮影：林重男）
The Urakami Cathedral, Nagasaki City =
Mid-October 1945 (Photo: Shigeo Hayashi)

強烈な爆風で入口の柱およびアーチ部分に亀裂およびずれが見られる。
左側の「悲しみの聖母像」および右側の「聖ヨハネ像」は熱線で黒く焦げ、台座からずれている。
入口付近には崩壊した上部の壁などが堆積している。奥に見えるのは、北壁の一部＝ 1945 年 10 月中旬、長崎市浦上天主堂南側入り口（撮影：林重男）

View of the southern entrance of the Urakami Cathedral, Nagasaki City. The entrance pillars and arch are damaged and moved by the strong blast wave.
The "Statue of the Virgin Mary in Grief" is on the left and the "Statue of St. John" is on the right.
They are burnt black by the heat wave and moved from their bases. Ruins of the damaged upper part of the wall scattered around the entrance.
In the back is a part of the north wall = Mid-October 1945 (Photo: Shigeo Hayashi)

手前は門柱。崖上は内科病棟で、熱線と爆風により全焼。窓ガラスは全壊し、枠は変形した＝1945年10月中旬、長崎医科大学附属医院（撮影：林重男）

View of the Nagasaki Medical College Hospital. Nagasaki City. The structure in the foreground is the gatepost. The building on the cliff is an internal ward, completely burnt by the heat and blast waves. All the window glass is broken and the window frames are distorted
= Mid-October 1945 (Photo: Shigeo Hayashi)

強烈な爆風により入口の柱およびアーチ部分に亀裂およびずれが見られる。
入口左側の「悲しみの聖母像」、右側の「聖ヨハネ像」は熱線で黒く焦げ、台座からずれている。
入口付近には崩壊した上部の壁なとが堆積している。奥に見えるのは、北壁の一部。
左端の像は「聖チェチリア像」＝1945年10月中旬、長崎市浦上天主堂南側入口付近（撮影：林重男）

View of the southern entrance of the Urakami Cathedral, Nagasaki City.
The entrance pillars and arch are damaged and moved by the strong blast wave.
The "Statue of the Virgin Mary in Grief" is on the left and the "Statue of St. John" is on the right.
They are burnt black by the heat wave and moved from their bases. Ruins of the damaged upper part of the wall scattered around the entrance. In the back is a part of the north wall.
The statue at the left end is the "Statue of St. Cecilia" = Mid-October 1945 (Photo: Shigeo Hayashi)

西側ガスタンク（ホルダー）の全景を西北西から見る。
中央奥に東側ホルダーの上部が望まれる。
背景の丘は長崎市西坂地区＝1945年10月中旬、西部瓦斯長崎支店八千代工場（撮影：林重男）

The perspective view of the west gasholder of the Saibu Gas Nagasaki Branch Yachiyo Plant, from the west-northwestern direction. In the center back is an upper part of the east gasholder. The hill in the back is the Nishizaka District, Nagasaki City = Mid-October 1945, (Photo: Shigeo Hayashi)

東側ガスタンク（ホルダー）の北面および西面を北西から見る。ホルダーは熱線により表面の塗料が溶けている
＝ 1945 年 10 月中旬、西部瓦斯長崎支店八千代工場（撮影：林重男）

View of the northern and western sides of the east gasholder of the Saibu Gas Nagasaki Branch Yachiyo Plant, from the northwestern direction.
The paint on the surface of the holder melted by the heat wave = Mid-October 1945, Nagasaki City (Photo: Shigeo Hayashi)

西側ガスタンク（ホルダー）の東面を東側ホルダーから見る。
ホルダーは熱線により表面の塗料が溶けている＝ 1945 年 10 月中旬、
西部瓦斯長崎支店八千代工場（撮影：林重男）

View of the east side of the west gasholder of the Saibu Gas Nagasaki Branch Yachiyo Plant, from the direction of the east gasholder.
The paint on the surface of the holder melted by the heat wave
= Mid-October 1945, Nagasaki City (Photo: Shigeo Hayashi)

東側ガスタンク（ホルダー）内部のガイドローラー付近は熱線により
塗料が溶けている＝ 1945 年 10 月中旬、西部瓦斯長崎支店八千代工場
（撮影：林重男）

The paint near the guide roller in the east gasholder of the Saibu Gas Nagasaki Branch Yachiyo Plant, melted by the heat wave
= Mid-October 1945, Nagasaki City (Photo: Shigeo Hayashi)

西側ガスタンク（ホルダー）の階段踊場。横に走るうすい影は熱線による
手すりの影（縦のこい影は太陽光のもの）＝ 1945 年 10 月中旬、
西部瓦斯長崎支店八千代工場（撮影：林重男）

Staircase landing of the west gasholder of the Saibu Gas Nagasaki Branch
Yachiyo Plant. The horizontal pale shadow is of a railing printed by the heat wave.
The vertical dark shadow is of the sunlight
= Mid-October 1945, Nagasaki City (Photo: Shigeo Hayashi)

西側ガスタンク（ホルダー）に写った中央ステイ（支え）の影。
白い部分は熱線により表面の塗料が溶けて光っている
＝ 1945 年 10 月中旬、西部瓦斯長崎支店八千代工場（撮影：林重男）

Shadow of the central stay on the west gasholder of the Saibu Gas
Nagasaki Branch Yachiyo Plant. The white part is glossy because of
the surface paint melted by the heat wave
= Mid-October 1945, Nagasaki City (Photo: Shigeo Hayashi)

奥に強烈な爆風と熱線により破壊され、骨組みだけが残った三菱
長崎製鋼所第 2 工場（現在の原爆病院付近一帯）の鋳造工場が見える
= 1945 年 10 月中旬、浦上駅プラットホーム（撮影：林重男）

A view of a foundry factory of the Mitsubishi Nagasaki Steel Works No.2
Plant from the platform of the Urakami Station, Nagasaki City (current
location of the Nagasaki Genbaku Hospital). The foundry was destroyed by
the strong blast and heat waves, with only the frameworks remaining
= Mid-October 1945 (Photo: Shigeo Hayashi)

北側より機械工場を見る。強烈な爆風と熱線により工場は骨組みだけを残し、
完全に破壊されている = 1945 年 10 月中旬、三菱長崎製鋼所第 2 工場
（撮影：林重男）

View of a machinery factory of the Mitsubishi Nagasaki Steel Works No.2
Plant, from the northern direction. The factory was completely destroyed by
the strong blast and the heat waves, with only the frameworks remaining
= Mid-October 1945, Nagasaki City (Photo: Shigeo Hayashi)

浦上川上流に架る橋を南東側から見る。強烈な爆風により橋脚を残して橋床は崩落した。
左奥に見えるのは鎮西学院中学校（現在の活水中学・高等学校の場所）= 1945 年 10 月中旬、長崎市竹岩橋（撮影：林重男）

View of the Takeiwa Bridge over the Urakami River (upstream on the right) from the southeastern direction. The bridge floor fell by the strong blast wave,
with only the columns remaining. On the left back is Chinzei Middle School (current location of the Kwassui Senior and Junior High School)
= Mid-October 1945, Nagasaki City (Photo: Shigeo Hayashi)

機械工場内部。強烈な爆風と熱線により破壊されている
＝1945年10月中旬、三菱長崎製鋼所第2工場（撮影：林重男）

Inside the machinery factory of the Mitsubishi Nagasaki Steel Works No.2 Plant, damaged by the strong blast and heat waves = Mid-October 1945, Nagasaki City (Photo: Shigeo Hayashi)

中央のコンクリート塀は倒壊するなどしているが、
鋳物工場（現在の長崎積法社・法倫会館北館一帯）は
強固な構造であったためか、骨組みだけは比較的正常な状態に見える
＝1945年10月中旬。（撮影：林重男）

A view of a foundry factory of the Mitsubishi Nagasaki Steel Works No.2 Plant. The Takeiwa Bridge on the left fell and the central concrete wall was destroyed by the strong blast wave. However, the frameworks of the factory (current location of a funeral hall named Horin Kaikan North Hall) look relatively normal probably because of the strong structure of the building = Mid-October 1945, Nagasaki City (Photo: Shigeo Hayashi)

機械工場内部。爆風と熱線により破壊されている
＝1945年10月中旬、三菱長崎製鋼所第2工場（撮影：林重男）

Inside the machinery factory of the Mitsubishi Nagasaki Steel Works No.2 Plant, damaged by the strong blast and heat waves = Mid-October 1945, Nagasaki City (Photo: Shigeo Hayashi)

機械工場内部。爆風と熱線により破壊されている
＝1945年10月中旬、三菱長崎製鋼所第2工場（撮影：林重男）

Inside the machinery factory of the Mitsubishi Nagasaki Steel Works No.2 Plant, damaged by the strong blast and heat waves = Mid-October 1945, Nagasaki City (Photo: Shigeo Hayashi)

機械工場の一部。強烈な爆風により柱は基部から傾いている
＝ 1945 年 10 月中旬、三菱長崎製鋼所第 2 工場（撮影：林重男）

A part of the machinery factory of the Mitsubishi Nagasaki Steel Works No.2 Plant. The column is tilted from the base by the strong blast wave = Mid-October 1945, Nagasaki City (Photo: Shigeo Hayashi)

強烈な爆風により吹き飛ばされ破損した鎮西学院中学校
（現在の活水中学・高等学校の場所）と県立瓊浦中学校
（現在の長崎西高等学校の場所）の谷間にあったトラック
＝ 1945 年 10 月中旬、長崎市竹ノ久保町（撮影：林重男）

A cargo truck blown away and damaged by the strong blast wave, found in a valley between the Chinzei Middle School (current location of the Kwassui Senior and Junior High School) and Prefectural Keiho Middle School (current location of Nagasaki Nishi High School) = Mid-October 1945, Takenokubo-machi, Nagasaki City (Photo: Shigeo Hayashi)

中央を斜めに走る道路は県道（現在の国道 206 号）。
右端の広場は三菱球場（現在の川口町三菱造船浜口アパートの場所）。
中央に三菱浦上寮（現在の北郵便局一帯）の焼け残った二つの防火壁が
見える。その奥の横長の工場は三菱長崎製鋼所
（現在の長崎文化放送一帯）。このあたりの民家は強烈な爆風と熱線により
全壊・全焼した ＝ 1945 年 10 月中旬、長崎市浜口町交差点付近
（撮影：林重男）

The prefectural road (current National Route 206) running at a slant in the center. The square on the right is the Mitsubishi Baseball Park (current location of the Hamaguchi Apartment of the Mitsubishi Heavy Industries Nagasaki Shipyard in Kawaguchi-machi, Nagasaki City). The two remaining firewalls of the Mitsubishi Urakami Dormitory (located at the current Nagasaki Kita Post Office) are seen in the center. The horizontally long building behind it is Mitsubishi Nagasaki Steel Works (located at the current Nagasaki Culture Telecasting Corporation). All of the private houses in this area were completely destroyed and burnt by the strong blast and heat waves = Mid-October 1945, near the Hamaguchi-machi intersection, Nagasaki City (Photo: Shigeo Hayashi)

浦上寮は強烈な爆風と熱線により全壊・全焼したが、
二つの防火壁は爆心地方向に対し平行に建っていたため
倒壊しないで残った。この防火壁は二つのうちの一つである
＝ 1945 年 10 月中旬、長崎市浦上寮（撮影：林重男）

Mitsubishi Urakami Dormitory was completely destroyed and burnt by the strong blast and heat waves. However, the two firewalls were not destroyed because they stood in parallel with the direction of the ground zero. This is one of the two firewalls = Mid-October 1945, Nagasaki City (Photo: Shigeo Hayashi)

大楠2本中の1本。強烈な爆風と熱線により枝葉は吹き飛び、幹は途中から折れて黒焦げとなったが、早くも新芽が出始めている。中央左に見える2本の煙突は長崎医科大学附属病院（現在の長崎大学医学部附属病院）のもので、うち1本は爆風により折れ曲がっている＝1945年10月中旬、長崎市山王神社（撮影：林重男）

One of the two big camphor trees at the San'no Shrine, Nagasaki City. Branches and leaves were blown away by the strong blast and heat waves. The trunk was burnt black, with the top part falling. However, new sprouts already started to come up. The two chimneys on the left center belonged to the Nagasaki Medical College Hospital (currently Nagasaki University Hospital). One of the chimneys bent by the blast wave = Mid-October 1945 (Photo: Shigeo Hayashi)

2本の大楠は強烈な爆風と熱線により枝葉は吹き飛び、幹は途中から折れて黒焦げとなったが、早くも新芽が出始めている＝1945年10月中旬、長崎市山王神社（撮影：林重男）

Two big camphor trees at the San'no Shrine, Nagasaki City. Branches and leaves were blown away by the strong blast and heat waves, and the trunk was burnt black, with the top part falling. However, new sprouts already started to come up = Mid-October 1945 (Photo: Shigeo Hayashi)

倒壊した境内の石柵。
奥の建物は長崎医科大学附属病院
(現在の長崎大学医学部附属病院)の一部
＝ 1945 年 10 月中旬、
長崎市山王神社（撮影：林重男）

Stone fence of the San'no Shrine, Nagasaki City, knocked down by the strong blast wind. The building in the back is a part of Nagasaki Medical College Hospital (currently Nagasaki University Hospital) = Mid-October 1945 (Photo: Shigeo Hayashi)

神社境内より金比羅山方面を見る。爆風と熱線により社殿は
全壊・全焼したが、樹木は枝葉を吹き飛ばされ、幹だけが焼け残った。
谷間にある民家の一部は倒壊をまぬがれている＝ 1945 年 10 月中旬、
長崎市山王神社（撮影：林重男）

View of Mt. Konpira from the San'no Shrine, Nagasaki City. The pavilions of the Shrine were completely destroyed and burnt by the blast and heat waves, but the trunks of the trees remained, with branches and leaves blown away. Some houses in the valley survived the blast
= Mid-October 1945 (Photo: Shigeo Hayashi)

神社境内から南西方向を見る。手前は爆風で倒れた樹木と石柵。
その奥斜めに走る石畳の道は、二の鳥居に通じる神社の参道。
この一帯はほとんど全壊・全焼したが、谷間の民家は運よく残った。
はるか奥に見える工場は三菱長崎製鋼所（現在の長崎文化放送付近一帯）
＝ 1945 年 10 月中旬、長崎市山王神社（撮影：林重男）

View of the southwestern direction from the San'no Shrine, Nagasaki City. In the foreground are a tree and a stone fence knocked down by the blast wave. The cobbled pathway running at a slant in the background is the approach road of the Shrine leading to the second Torii (entrance gate to the shrine). Most of the buildings in this area were completely destroyed and burnt, but fortunately, some houses in the valley survived. The factory in the farthest background is Mitsubishi Nagasaki Steel Works (current location of Nagasaki Culture Telecasting Corporation)
= Mid-October 1945 (Photo: Shigeo Hayashi)

南棟南面の一部を見る。強烈な爆風と熱線により校舎の窓ガラスは吹き飛ばされた。
また立木の枝葉も吹き飛ばされ、幹のみが焼け残っている＝1945年10月中旬、
長崎市山里国民学校正面登り口（撮影：林重男）

A part of the southern side of the South Building of the Yamazato Primary School seen from the bottom of the climbing road to the front entrance of the School.
Window glasses were shattered by the strong blast and heat waves. Branches and leaves of trees were blown away, while the trunks remained standing but burnt.
= Mid-October 1945 (Photo: Shigeo Hayashi)

土手上の御眞影奉安殿を見る。左端が奉安殿、中央が正門、
右端が南棟北面の一部＝1945年10月中旬、
長崎市山里国民学校校庭（撮影：林重男）

Goshin'ei Hoanden (Sanctuary to store the photos of the Emperor and the Empress) of the Yamazato Primary School on a hill. The sanctuary is on the left, and the front entrance of the School is in the center. A part of the north side of the South Building of this School is on the right = Mid-October 1945, Nagasaki City (Photo: Shigeo Hayashi)

強烈な爆風と熱線により損傷をうけたが一部の教室は火災をまぬがれた
＝1945年10月中旬、長崎市山里国民学校（撮影：林重男）

At the Yamazato Primary School, most classrooms were damaged by the strong blast and heat waves, but some of them escaped fire
= Mid-October 1945, Nagasaki City (Photo: Shigeo Hayashi)

校舎北棟南面の一部を見る。
強烈な爆風と熱線により窓枠は変形し、内部は焼傷した
＝1945年10月中旬、長崎市山里国民学校（撮影：林重男）

A part of the south side of the North Building of the Yamazato Primary School. The window frames were deformed by the strong blast and heat waves. The interior of the building was burnt
= Mid-October 1945, Nagasaki City (Photo: Shigeo Hayashi)

爆風と熱線により損傷をうけた山里国民学校。
一部の教室は窓枠と床桁がはずれた程度で火災はまぬがれた＝1945年10月中旬、長崎市立山里国民学校（撮影：林重男）
The Yamazato Primary School, damage by the strong blast and heat waves.
Some classrooms escaped fire although their window frames and floor beams came apart = Mid-October 1945, Nagasaki City (Photo: Shigeo Hayashi)

西部瓦斯大橋工場ガスタンク（ホルダー）の南面を見る。
ホルダーは爆風の衝撃で亀裂が生じ、外郭の上部が途中まで沈下し、
やがて爆発、押しつぶされるようにして倒壊した。
左奥の建物は同工場の発生炉＝ 1945 年 10 月中旬、
長崎市（撮影：林重男）

A part of the southwestern side of the gasholder of the Saibu Gas Ohashi Plant.
According to eyewitness, at first some cracks appeared on the holder by the
blast wave. Then the holder exploded and gradually collapsed
as if it had been crashed from above.
The building on the left back is the gas producer of the plant
= Mid-October 1945, Nagasaki City (Photo: Shigeo Hayashi)

西部瓦斯大橋工場ガスタンク（ホルダー）の南西面を見る。
ホルダーは爆風の衝撃で亀裂が生じ、
外郭の上部が中途まで沈下し、やがて爆発、
押しつぶされるように倒壊した
＝ 1945 年 10 月中旬、長崎市（撮影：林重男）

View of the southwestern side of the gasholder of the Saibu Gas Ohashi Plant.
According to eyewitnesses, at first some cracks appeared on the holder by the
blast wave. Then the holder exploded and gradually collapsed
as if it had been crashed from above
= Mid-October 1945, Nagasaki City (Photo: Shigeo Hayashi)

西部瓦斯大橋工場ガスタンク（ホルダー）の南西面の一部。
ホルダーは爆風の衝撃で亀裂が生じ、
やがて爆発し押しつぶされるように倒壊した。
左奥の建物は三菱長崎兵器製作所大橋工場
（現在の長崎大学文教キャンパスの場所）の技術部
＝ 1945 年 10 月中旬、長崎市（撮影：林重男）

A part of the southwestern side of the gasholder of the Saibu
Gas Ohashi Plant. According to eyewitness, at first some
cracks appeared on the holder by the blast wave.
Then the holder exploded and gradually collapsed as if it had
been crashed from above. The building on the left back is the
Engineering Department of the Mitsubishi Heavy Industries
Nagasaki Weapon Factory Ohashi Plant (current location of
Bunkyo Campus of Nagasaki University)
= Mid-October 1945, Nagasaki City (Photo: Shigeo Hayashi)

浦上川に合流する岩屋川に架かる橋から西部瓦斯大橋工場のガスタンク（ホルダー）を見る。
左の建物は帝国酸素工場（現在のトーカンマンション大橋町付近一帯）= 1945 年 10 月中旬、長崎市西郷橋（撮影：林重男）

View of the gasholder of the Saibu Gas Ohashi Plant from the Saigo Bridge over the Iwaya River joining the Urakami River.
The building on the left is the Teikoku Sanso (Oxygen) Factory (Current location of the Tokan Condominium Ohashi-machi)
= Mid-October 1945, Nagasaki City (Photo: Shigeo Hayashi)

南西方向を望む。停留所には強烈な爆風と熱線により原型をとどめぬほどに破壊された電車および線路から浮き上がった電車が見える。
右奥の建物は城山国民学校（現在の城山小学校）= 1945 年 10 月中旬、長崎電気軌道大橋営業所構内（撮影：林重男）

View toward the southwestern direction from the Ohashi Office of the Nagasaki Electric Tramway.
At the tram stop is one tram car destroyed without a trace of its original shape, and another one lifted from the rail,
both by the strong blast and heat waves. The building on the right back is the Shiroyama Primary School
= Mid-October 1945, Nagasaki City (Photo: Shigeo Hayashi)

側溝に残る火葬の跡。側溝の左上には、死者を弔うかのように朝顔が茂っていた＝1945年10月中旬、長崎市大橋町（撮影：林重男）

Trace of cremation in a side ditch. On the left above the ditch, the morning glory grows as if it is consoling the spirit of the deceased
= Mid-October 1945, Ohashi-machi, Nagasaki City (Photo: Shigeo Hayashi)

中央の標柱は爆心地を示す標識で文字は焼跡のスレート煙突に焼炭で書かれている。
この標柱は理化学研究所の木村・田島氏一行が10月7日に立てたものである＝1945年10月中旬、長崎市（撮影：林重男）

The signpost, made of a slate chimney found in the ruins, shows the location of the ground zero. Letters on it were written with burnt charcoal. This was set up by a group led by Drs. Kimura and Tajima from Riken (the Institute of Physical and Chemical Research) on October 7
= Mid-October 1945, Nagasaki City (Photo: Shigeo Hayashi)

熱線により葉が縮れた山牛蒡に新しく生えてきた葉もなぜか縮れている＝ 1945 年 10 月中旬、長崎市（撮影：林重男）
Pokeweed with leaves curled by the heat wave. New leaves coming out are also curly for some reason = Mid-October 1945, Nagasaki City (Photo: Shigeo Hayashi)

中央左端は浦上川（右、上流）に架かる簗橋。川の手前は駒場町。
川向こうは城山町で高台に城山国民学校（現在の城山小学校）が見える。
この一帯の民家は強烈な爆風と熱線により全壊・全焼した
＝1945年10月中旬、長崎市駒場町（撮影：林重男）

The Yanagi Bridge over the Urakami River (upstream on the right).
In the foreground of the river is Komaba-machi. In the background of the
river is Shiroyama-machi, with Shiroyama Primary School on a hill.
Houses in this area were completely destroyed and burnt by the strong blast
and heat waves
= Mid-October 1945, Komaba-machi, Nagasaki City (Photo: Shigeo Hayashi)

燃えつきた長崎市中心街＝1945年10月中旬、長崎市（撮影：林重男）

Downtown area of Nagasaki City, completely burnt down
= Mid-October 1945 (Photo: Shigeo Hayashi)

北側を見る。強烈な爆風と熱線により全施設13棟が
全壊・全焼し炊事場の煙突1本だけが残った。
ここでは職員・受刑者など134人が即死している
＝1945年10月中旬、長崎刑務所浦上刑務支所構内（撮影：林重男）

Northward view from the Nagasaki Prison Urakami Branch.
All of the 13 buildings here were completely destroyed and burnt by the
strong blast and heat waves, with only one chimney of the kitchen still
standing. A total of 134 workers and prisoners perished immediately
= Mid-October 1945, Nagasaki City (Photo: Shigeo Hayashi)

爆風により爆心地と反対方向になぎ倒されている
＝1945年10月中旬、長崎市聖マリア学院中学校一帯（撮影：林重男）

View of the St. Mary's Middle School. Buildings knocked down by
the blast wave toward opposite direction from the ground zero
= Mid-October 1945, Nagasaki City (Photo: Shigeo Hayashi)

鍛錬工場の屋根の損傷を内側から見る＝1945年10月中旬、
三菱長崎製鋼所第1工場（撮影：林重男）

Damages inflicted on the roof of a forging factory of
the Mitsubishi Nagasaki Steel Works No.1 Plant, seen from inside
= Mid-October 1945, Nagasaki City (Photo: Shigeo Hayashi)

三菱長崎製鋼所第2工場＝1945年10月中旬（撮影：林重男）

Inside of a factory of Mitsubishi Nagasaki Steel Works No.2 Plant
= Mid-October 1945, Nagasaki City (Photo: Shigeo Hayashi)

三菱長崎製鋼所第2工場＝1945年10月中旬
（撮影：林重男）

Inside of a factory of Mitsubishi Nagasaki Steel
Works No.2 Plant = Mid-October 1945,
Nagasaki City (Photo: Shigeo Hayashi)

三菱長崎製鋼所第2工場＝1945年10月中旬（撮影：林重男）

Inside of a factory of Mitsubishi Nagasaki Steel Works No.2 Plant = Mid-October 1945, Nagasaki City (Photo: Shigeo Hayashi)

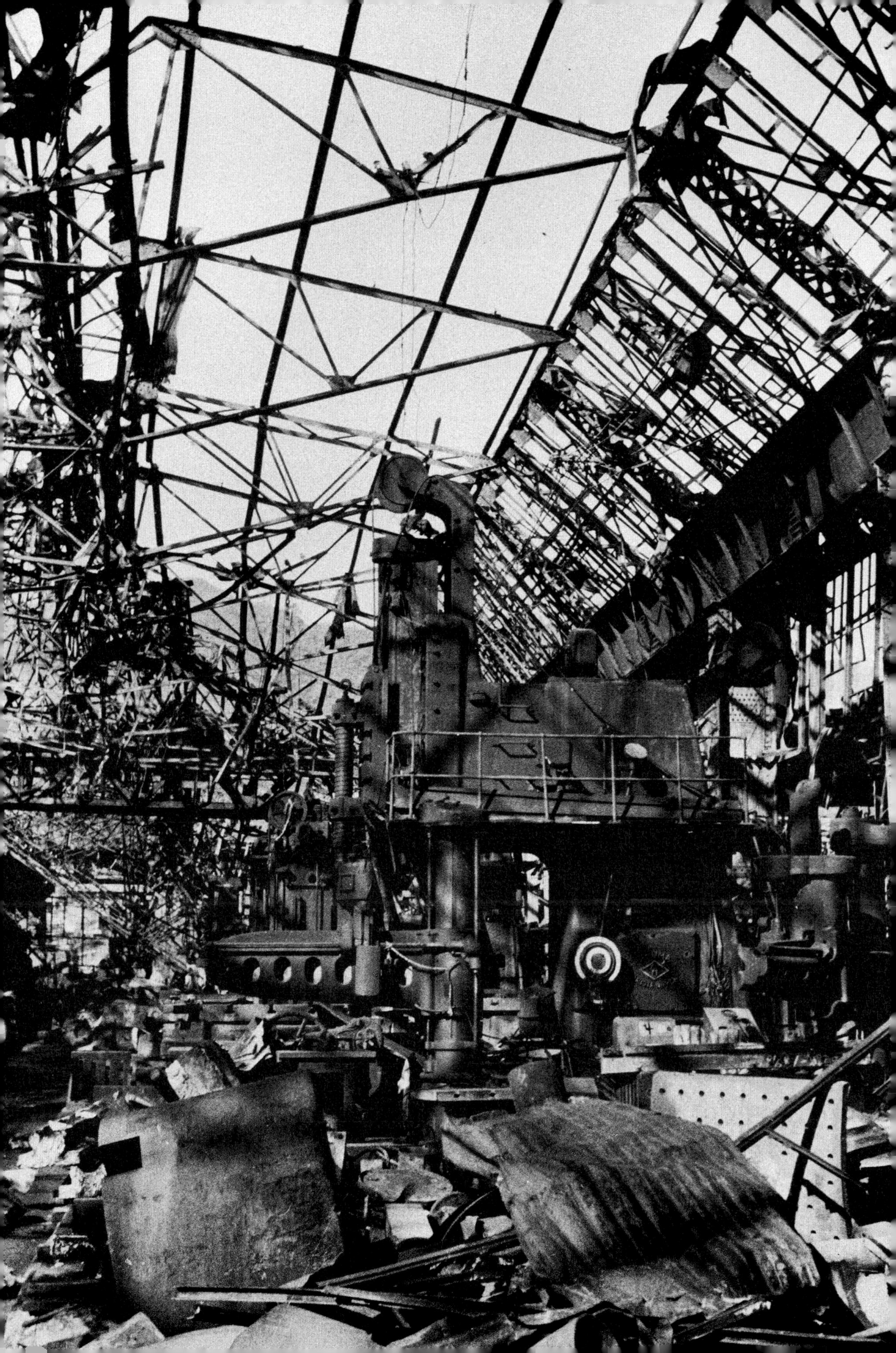

三菱長崎製鋼所第 2 工場 = 1945 年 10 月中旬（撮影：林重男）
Inside of a factory of Mitsubishi Nagasaki Steel Works No.2 Plant
= Mid-October 1945, Nagasaki City (Photo: Shigeo Hayashi)

三菱長崎製鋼所第 1 工場 = 1945 年 10 月中旬（撮影：林重男）
Inside of a factory of Mitsubishi Nagasaki Steel Works No.1 Plant
= Mid-October 1945, Nagasaki City (Photo: Shigeo Hayashi)

三菱長崎製鋼所第 1 工場 = 1945 年 10 月中旬
（撮影：林重男）
Inside of a factory of Mitsubishi Nagasaki Steel
Works No.1 Plant = Mid-October 1945,
Nagasaki City (Photo: Shigeo Hayashi)

三菱長崎製鋼所第 1 工場 = 1945 年 10 月中旬（撮影：林重男）
Inside of a factory of Mitsubishi Nagasaki Steel Works No.1 Plant = Mid-October 1945, Nagasaki City (Photo: Shigeo Hayashi)

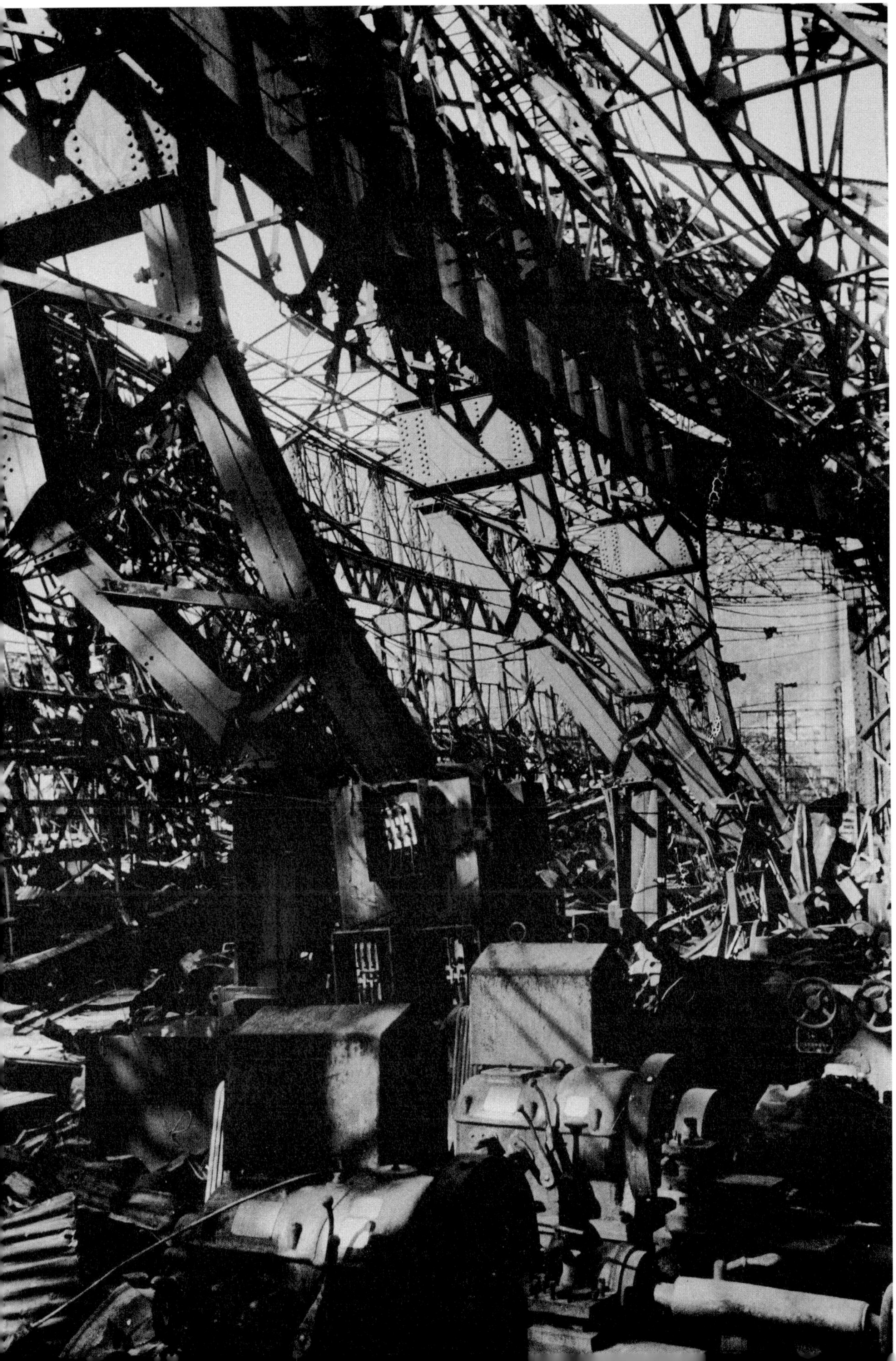

三菱長崎製鋼所第1工場＝1945年10月中旬（撮影：林重男）
Inside of a factory of Mitsubishi Nagasaki Steel Works No.1 Plant
= Mid-October 1945, Nagasaki City (Photo: Shigeo Hayashi)

三菱長崎製鋼所第1工場＝1945年10月中旬（撮影：林重男）
Inside of a factory of Mitsubishi Nagasaki Steel Works No.1 Plant
= Mid-October 1945, Nagasaki City (Photo: Shigeo Hayashi)

三菱長崎製鋼所第1工場＝1945年10月中旬（撮影：林重男）
Inside of a factory of Mitsubishi Nagasaki Steel Works No.1 Plant
= Mid-October 1945, Nagasaki City (Photo: Shigeo Hayashi)

三菱長崎製鋼所第2工場＝1945年10月中旬（撮影：林重男）
Inside of a factory of Mitsubishi Nagasaki Steel Works No.2 Plant
= Mid-October 1945, Nagasaki City (Photo: Shigeo Hayashi)

爆風で倒壊した高圧線鉄塔＝ 1945 年 10 月中旬、
九州配電竹ノ久保変電所（撮影：林重男）
A power pylon of the Kyushu Haiden Takenokubo Substation, knocked down by the strong blast wave
= Mid-October 1945, Nagasaki City (Photo: Shigeo Hayashi)

三菱長崎製鋼所第 2 工場の損傷＝ 1945 年 10 月中旬（撮影：林重男）
Damages inside a forging factory of the Mitsubishi Nagasaki Steel Works
No.2 Plant = Mid-October 1945, Nagasaki City (Photo: Shigeo Hayashi)

三菱長崎製鋼所第 2 工場の損傷＝ 1945 年 10 月中旬（撮影：林重男）
Damages inside a forging factory of the Mitsubishi Nagasaki Steel Works
No.2 Plant = Mid-October 1945, Nagasaki City (Photo: Shigeo Hayashi)

三菱長崎製鋼所第 2 工場の損傷＝ 1945 年 10 月中旬（撮影：林重男）
Damages inside a forging factory of the Mitsubishi Nagasaki Steel Works
No.2 Plant = Mid-October 1945, Nagasaki City (Photo: Shigeo Hayashi)

三菱長崎製鋼所第 2 工場内部の損傷
= 1945 年 10 月中旬（撮影：林重男）

Damages inside a forging factory of the
Mitsubishi Nagasaki Steel Works No.2 Plant
= Mid-October 1945, Nagasaki City (Photo: Shigeo Hayashi)

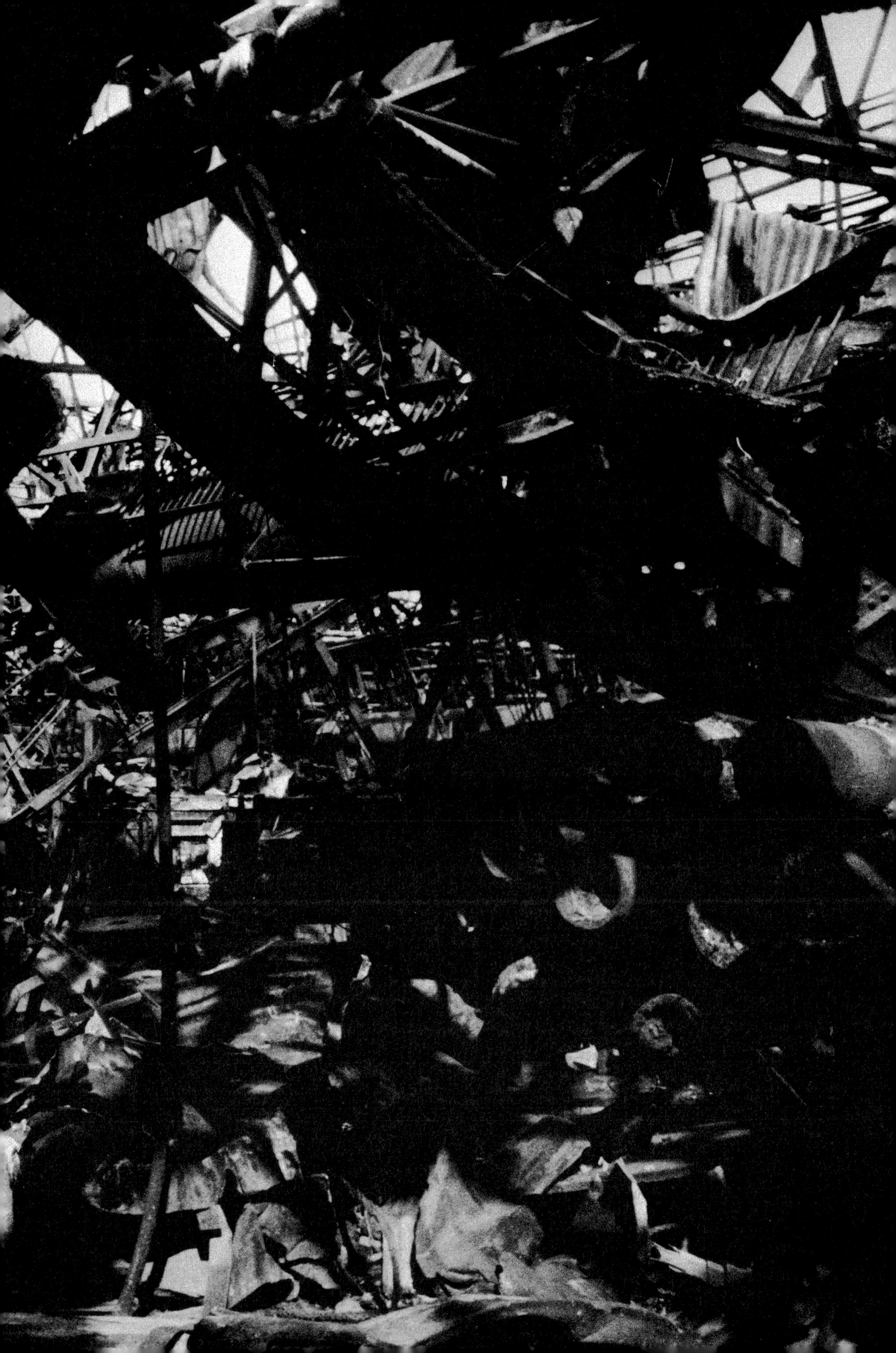

三菱長崎製鋼所第 2 工場製鋼工場付近から鍛造工場および
鋳造工場の被害状況を見る= 1945 年 10 月中旬 (撮影:林重男)

Damages of the forging and the casting factories, seen from the site
near the steel manufacturing factory of the Mitsubishi Nagasaki Steel Works No.2 Plant
= Mid-October 1945, Nagasaki City (Photo: Shigeo Hayashi)

三菱長崎製鋼所第 2 工場鋳造工場内部の損傷= 1945 年 10 月中旬
(撮影:林重男)

Damages inside a casting factory of the Mitsubishi Nagasaki Steel Works No.2 Plant
= Mid-October 1945, Nagasaki City (Photo: Shigeo Hayashi)

三菱長崎製鋼所第 2 工場鋳造工場内部の損傷＝ 1945 年 10 月中旬
（撮影：林重男）

Damages inside a casting factory of the Mitsubishi Nagasaki Steel Works
No.2 Plant = Mid-October 1945, Nagasaki City (Photo: Shigeo Hayashi)

三菱長崎製鋼所第 2 工場鋳造工場内部の損傷＝ 1945 年 10 月中旬
（撮影：林重男）

Damages inside a casting factory of the Mitsubishi Nagasaki Steel Works
No.2 Plant = Mid-October 1945, Nagasaki City (Photo: Shigeo Hayashi)

三菱長崎製鋼所第 2 工場鋳造工場内部の損傷＝ 1945 年 10 月中旬
（撮影：林重男）

Damages inside a casting factory of the Mitsubishi Nagasaki Steel Works
No.2 Plant = Mid-October 1945, Nagasaki City (Photo: Shigeo Hayashi)

三菱長崎製鋼所第 2 工場鋳造工場内部の損傷＝ 1945 年 10 月中旬
（撮影：林重男）

Damages inside a casting factory of the Mitsubishi Nagasaki Steel Works
No.2 Plant = Mid-October 1945, Nagasaki City (Photo: Shigeo Hayashi)

1945年10月中旬、長崎市（撮影：林重男）
Mid-October 1945, Nagasaki City (Photo: Shigeo Hayashi)

強烈な爆風により破壊された鋳造工場＝1945年10月中旬、三菱長崎製鋼所第2工場（撮影：林重男）
A casting factory of the Mitsubishi Nagasaki Steel Works No.2 Plant, destroyed by the strong blast wave
= Mid-October 1945, Nagasaki City (Photo: Shigeo Hayashi)

三菱長崎製鋼所第2工場＝1945年10月中旬（撮影：林重男）
Mitsubishi Nagasaki Steel Works No.2 Plant
= Mid-October 1945, Nagasaki City (Photo: Shigeo Hayashi)

三菱長崎製鋼所第2工場鍛造工場内部の損傷＝1945年10月中旬（撮影：林重男）
Damage inside a forging factory of the Mitsubishi Nagasaki Steel Works The Second Plant = Mid-October 1945, Nagasaki City (Photo: Shigeo Hayashi)"

強烈な爆風で鉄柱は基部から傾いている＝ 1945 年 10 月中旬、
三菱長崎製鋼所第 2 工場（撮影：林重男）

An iron pole tilting from the bottom by the strong blast wave
= Mid-October 1945, Mitsubishi Nagasaki Steel Works No.2 Plant,
Nagasaki City (Photo: Shigeo Hayashi)

三菱長崎兵器製作所大橋工場組立工場の南西面を見る
＝ 1945 年 10 月中旬（撮影：林重男）

The southwestern side of an assembly factory of the Mitsubishi Heavy
Industries Nagasaki Weapon Factory Ohashi Plant
= Mid-October 1945, Nagasaki City (Photo: Shigeo Hayashi)

三菱長崎兵器製作所大橋工場＝ 1945 年 10 月中旬（撮影：林重男）

The Mitsubishi Heavy Industries Nagasaki Weapon Factory Ohashi Plant
= Mid-October 1945, Nagasaki City (Photo: Shigeo Hayashi)

魚雷の後部浮室と燃料室が転がっている＝ 1945 年 10 月中旬、
三菱長崎兵器製作所大橋工場（撮影：林重男）

Rear parts of buoyancy chambers and fuel chambers of torpedoes are scattered
at the Mitsubishi Heavy Industries Nagasaki Weapon Factory Ohashi Plant
= Mid-October 1945, Nagasaki City (Photo: Shigeo Hayashi)

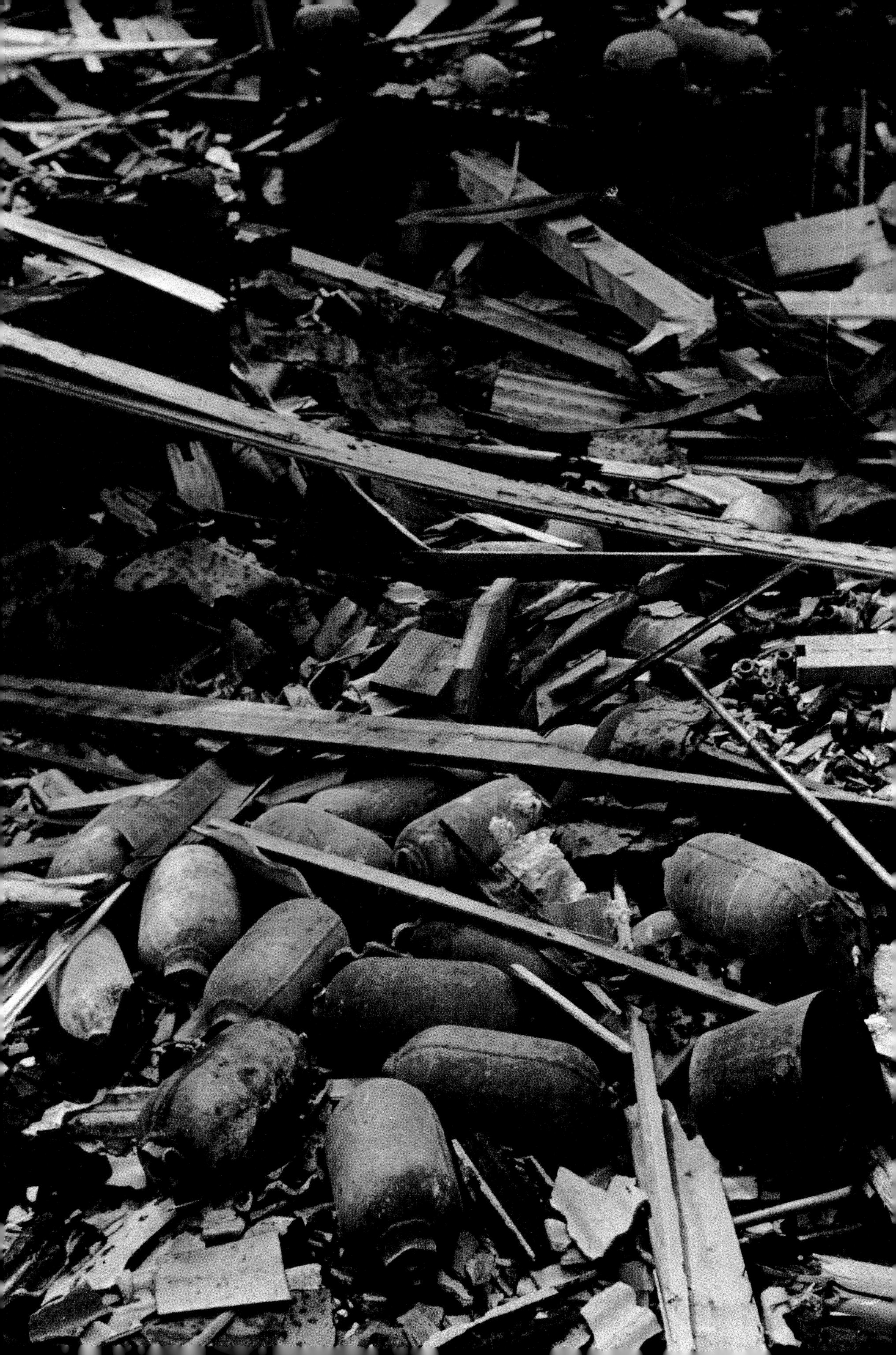

床に転がっているのは 8 気筒星形エンジン、
九一式魚雷の後部浮室・燃料室など＝ 1945 年 10 月中旬、
三菱長崎兵器製作所大橋工場（撮影：林重男）

Scattered on the floor of the Mitsubishi Heavy Industries Nagasaki Weapon
Factory Ohashi Plant are 8-cylinder star-shaped engines,
rear parts of buoyancy chambers and fuel chambers of Type 91 torpedoes
= Mid-October 1945, Nagasaki City (Photo: Shigeo Hayashi)

三菱長崎兵器製作所大橋工場組立工場内部＝ 1945 年 10 月中旬
（撮影：林重男）

Inside view of an assembly factory of the Mitsubishi Heavy Industries
Nagasaki Weapon Factory Ohashi Plant
= Mid-October 1945, Nagasaki city (Photo: Shigeo Hayashi)

技術部前広場から機械工場を見る＝ 1945 年 10 月中旬、
三菱長崎兵器製作所大橋工場（撮影：林重男）

A machinery factory of the Mitsubishi Heavy Industries Nagasaki Weapon
Factory Ohashi Plant, seen from the square in front of the Engineering
Department = Mid-October 1945, Nagasaki City (Photo: Shigeo Hayashi)

強烈な爆風により樹木は、幹からなぎ倒されている＝ 1945 年 10 月中旬、
長崎県立瓊浦中学校北側斜面付近（撮影：林重男）

Tree trunks knocked down by the strong blast wave = Mid-October 1945,
near the slope on the north side of Prefectural Keiho Middle School,
Nagasaki City (Photo: Shigeo Hayashi)

バイス台と床には九一式航空機魚雷の燃料室が見える＝ 1945 年 10 月中旬、三菱長崎兵器製作所大橋工場（撮影：林重男）

Fuel chambers of Type 91 airborne torpedoes are on the table for vise stand and also on the floor,
at the Mitsubishi Heavy Industries Nagasaki Weapon Factory Ohashi Plant = Mid-October 1945, Nagasaki City (Photo: Shigeo Hayashi)

長崎に向け走る食料救援の貨車と、下の川堤を行く被爆者。画面右中央の土管が爆心地＝1945年10月中旬、長崎市松山町（撮影：林重男）
A relief train carrying food to Nagasaki City. An atomic bomb survivor walking on the bank of the river in the foreground.
In the center right is a clay pipe at the ground zero = Mid-October 1945, Matsuyama-machi, Nagasaki City (Photo: Shigeo Hayashi)

左は配給用の芋俵を積んだ大八車、右は米軍のダンプカー。左の電柱には「DANGER KEEP OFF SHOULDER」の標識が見える
＝ 1945 年 10 月中旬、長崎市（撮影：林重男）

Two-wheeled cart carrying potato bags for rationing is on the left, and a dump truck of the US military is on the right.
There is a sign "DANGER KEEP OFF SHOULDER" on an electric post on the left = Mid-October 1945, Nagasaki City (Photo: Shigeo Hayashi)

南棟東端部前の荼毘（火葬）のあと。はるか右奥に山里国民学校（現在の山里小学校）が見える
＝ 1945 年 10 月中旬、長崎市立城山国民学校（撮影：林重男）

Trace of cremation in front of the east end of the South Building of the Shiroyama Primary School. In the far back right is Yamazato Primary School
= Mid-October 1945, Nagasaki city (Photo: Shigeo Hayashi)

交差点付近で地区住民への芋の配給が行われている。
左奥高台に鎮西学院中学校（現在の活水学院中学・高等学校の場所）が見える＝1945年10月中旬、長崎市（撮影：林重男）

Near the intersection, potatoes are being rationed to residents of the district. Chinzei Middle School
(current location of Kwassui Senior and Junior High Schools) is on a hill on the left back = Mid-October 1945, Nagasaki City (Photo: Shigeo Hayashi)

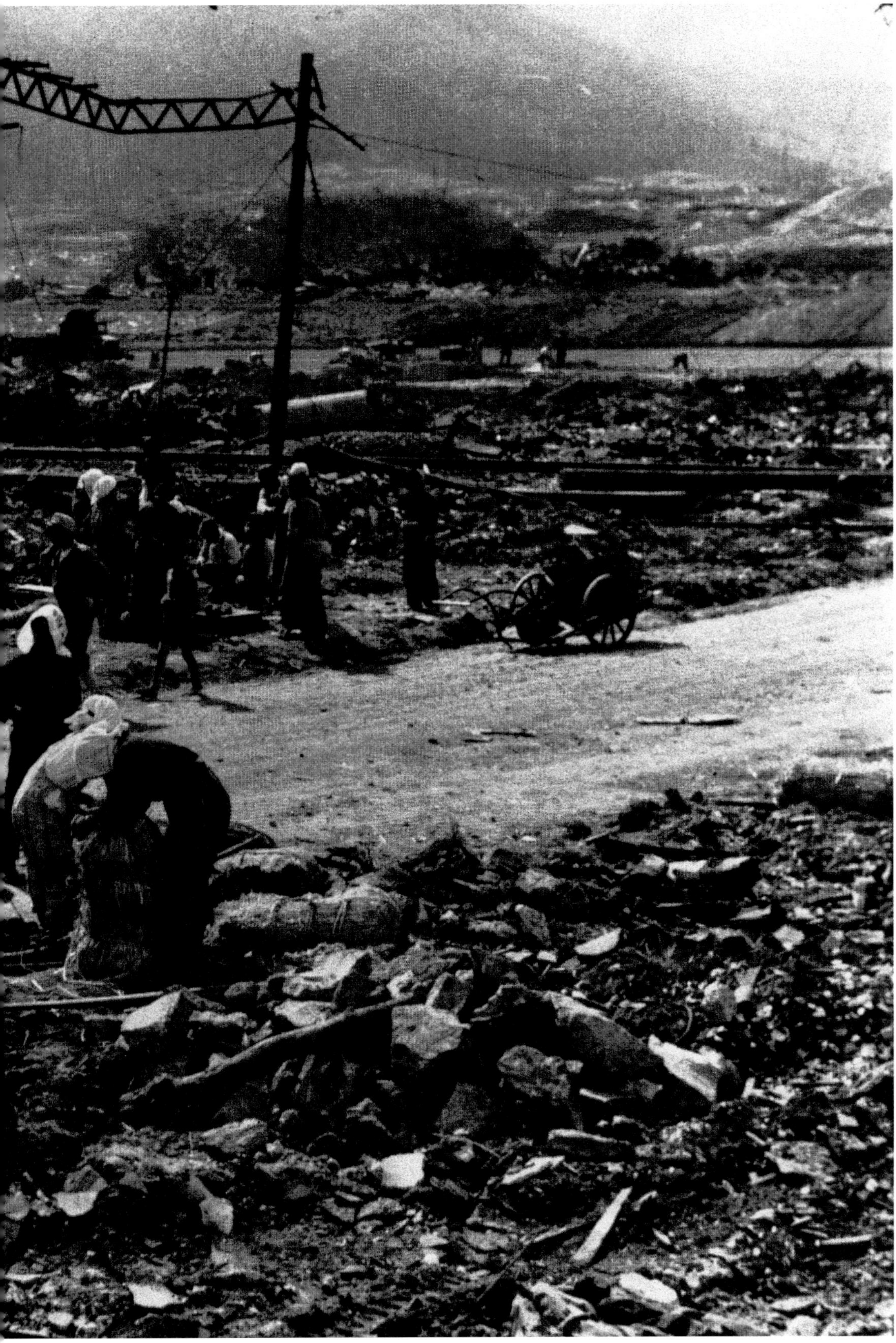

「原爆を撮った男たち」の証言

写真家・松本栄一　写真家・林 重男

（聞き手・小松健一）

——敗戦の1945（昭和20）年8月9日長崎に原爆が落とされたわけですが、松本さんは、その12日後の8月21日に東京を発って、まず長崎に向かった。25日に入り、14日間撮影をして、9月8日に広島へ。

　林さんは、20年10月1日に広島の爆心地に立つわけですが、9月27日に東京を発って、28日に尾道、そして29日には宇品港に入って、30日から広島の撮影を始めている。10月11日にさらに長崎に向かって、12日間長崎にいた。

　松本さんが約1ヵ月間、長崎、広島にいて、林さんも23日間取材をされていたわけですね。当時、松本さんは30歳、林さんが27歳というお歳だったのですが、最初に世界で初めて原爆というものが落とされた爆心地に立ったときの印象、驚きというようなことを、まずはじめに一言ずつお話しいただけたらと思います。

1発の爆弾で消えたまち

松本　皆さんで考えていただきたいのは、たった1発の爆弾が都市そのものを消してしまう現象を起こしていることです。これは私、当時新聞社におりまして、戦争中なものですから、何ヵ所かの空襲を受けた都市、市街を見て歩いております。それはいずれもB29が100機来たとか、200機来たとか、焼夷弾が何千発落とされたとか、爆弾が何百発落ちたとかいうことでの被害を見ていた目から、たった1発で本当にこれだけの広いところが、消えてしまったようにしてやられてしまったものか、この驚きが第一印象です。これは広島でも長崎でも同じような印象を受けました。

林　私は当時、文部省学術研究会議で編成されました原子爆弾災害調査研究特別委員会という、仁科博士を団長とする災害調査を目的とする調査団に組み入れられたわけです。

　カメラマンの通弊として、人間を見ると、どうしても人間を主題にして写真を撮りたくなるから、あくまでも調査団にうまくマッチするような写真を撮ってこいと言われて、10月1日だと私、記憶しているんですが、広島の爆心地に立ったわけです。広島商工会議所という焼けたビルの上から1発でなくなった広島のまちを見たわけです。何といいますか、その無念さというか、戦争に負けたというか、その実感が一挙に私の胸に迫りまして、とりあえずこれを撮っちゃえと。まず第1発に撮ったのは、パノラマだったんですね。ぐるっと回り、360度をローライフレックスでつないで撮影しましたのが、広島の爆心地を望んだ第1発目のシャッターだったんですね。

　11日間、広島の爆心地を撮影しまして、それから長崎に向かいました。長崎は広島のような地形ではありませんので、一望するということは無理です。ちょうど谷間に立ったようなところでして。そこでやはり、横長の写真をずうっとつないで撮っておりましたらば、偶然だったんですが、

救援物資のイモを満載した貨車が、轟然と音を立てて私の視界に飛び込んできました。一応全部つないだ写真を撮り終わったところで、幸いなことに足が1歩も動いていなかったために、入ってきた汽車をもう1回撮ったわけです。果たせるかな、後でつないで見ますと、その場所へ汽車がバチッと入ってくるものですから、一連の5枚つなぎの写真の中には、運よくばく進してくる列車が撮れました。両都市とも、もう1発でなくなったという感じは、共通してありました。

――敗戦直後の当時、爆心地での放射能の怖ろしさがまだよくわかっていないうちに、お二人とも被爆の地に立たれたわけですね。非常に危険だと言われていたところに。当時、林さんは結婚なさって、赤ちゃんが奥さんのお腹の中にできたばかりと聞いていますし、松本さんは朝日新聞の出版部の写真部員として、若い命をかけて、なぜカメラで原爆を記録しようと思ったのか。私も、写真家として、そのような立場に立たされたときに、果たしてお二人のような行動が取れるかどうかということも考えまして、ぜひお聞きしたいと思います。

カメラマンの使命感に燃えて

松本 これはニュースカメラマンとしての一つの宿命だと思います。一つは、自分自身で東京で聞いていた原爆というものの実際のあり様を見てみたいという、これは個人的な興味といいますか、そういったことが多分にありました。とにかく上からの命令に対しては素直に飛び出していく。これが新聞社勤めのカメラマンの一つの意気込みだったわけです。そういったことに惚れて、私もカメラマンになったわけですから、別に深く考えないで平常の出張取材の気持ちで出かけました。実際に放射能の威力というものを私らが知ったのは、終戦後の何年かたった後のことで、当時としては、ただ単におそろしい爆弾だったなという印象の方が強かったように思っております。

林 私は昭和18年に現役を除隊しまして、いよいよこれから本格的な戦闘になるというところで、軍の外郭団体で情報宣伝を担当する東方社に入ったのです。実はちょっと明かしておかないといけないんですが、仕事の内容というのは、当時の日本の占領地、つまり南方から華北全般にわたっての占領地をくまなく撮影に行かされまして、たくさんの資料を持ち帰って、日本の占領地はこれだけうまくいっているんだぞとか。あるいは内地で撮影しました軍用機の数々を、数百枚撮っておりますが、それをうまいことモンタージュしまして、たとえば北アルプスの上を飛んでいる爆撃機をインドの上空を飛んでいる爆撃機にしてしまったり、写真としての利用を最大限に、プロパガンダの一つとして使ったという経験を持っているんです。ですから、写真というものは絶対手

「原爆を撮った男たち」オリジナル写真展、
1991・7/24〜27 渋谷・山手教会で
（左から林重男、松本栄一、小松健一の各氏）

を加えてはいけない、1枚の写真の中にカメラマンの思った映像をたたき込むというのが、写真の本来の使命なんですけれども、そういう点からいくと、実に卑劣きわまることをやっておった。

　それで、戦い敗れて、私らの戦友はフィリピン上陸を前にして、ほとんど南海の藻屑と消えたり、悲惨な状態で終戦を迎えたわけです。幸い私は、そういう業務に携わっていたために死ぬことを免れた、そういう思いが、あの当時私の体の中にいっぱいたまっておった。彼らはどんな苦しい思いをして死んだんだろうと思えば、たかが1発の原爆で自分の体がどうなっても構わん。まして、先ほど司会の小松さんから言われた通り、私の家内が妊娠していることを初めて知らされたものですから、「3カ月だったらもう大丈夫だろう。おれは行くぜ」と友達に言ったわけです。友達は「よせよせ、そんなところに行って、禿になったらどうするんだ」と。いまでもその兆候はあるんですけれども（笑）、「子どもができなくなるぞ」、「いや、もうできたからいいんだ」といって、初めて友達に明かしたわけです。そういうような立場で、調査団の一員としてまいりました。

　松本さんの、ニュースカメラマンとしての宿命、私は調査団のカメラマンとしての宿命として仕事にとりくみましたが、何しろ、水はない、食料はない、にぎり飯1個の昼食では、残念ながら歩けないんです。それで、爆心地から、「あそこら辺があやしいぞ」と、行くんですけれども、途中で、"刀折れ、矢尽き"で足が動かない。どうにも前に進めない。何しろ食うものがない。水がない。行動範囲はおのずから絞られてきまして、情けないことに、後から写真を全部整理しますと、幾らたどっても、爆心地を中心にして10キロは行っていないんですね。

　長崎に行って顕著な違いがあったのは、ちょうど占領軍が長崎に上がってきて、実際に市のグラウンドで施設大隊が軽飛行機の発着所をつくっておりました。そして、城山小学校の校庭でたくさんの人が集団茶毘にされた光景を写真におさめた。もうそのときのショックというのは、本当にくやしくてくやしくて……。こんな光景になるまでして、何で日本は戦ったんだという思いで帰ってきたんです。

——お二人とも、それぞれの立場で約1カ月、広島、長崎に滞在して多くのカットを残したわけです。それが今日、世界で唯一の被爆直後の原爆写真として残されているわけなんですが、撮影のときのエピソード、広島や長崎での人びとの様子などお話しいただけたらと思います。

あなたの苦しみを写真に

松本　実は私と一緒に取材していた、もう一人の記者が道を歩いていて、「栄ちゃん、何だね、原爆というのはいやなにおいがするもんだね」と言うんです。ところがこれは、それから10数日間、長崎に滞在して、取材をして歩いている間にわかったことなのですが、まだ私が長崎に到着したころは、遺体がその辺に散らばっておりました。気をつけて歩かなければいけない。それほどたくさん遺体があったわけです。その遺体が8月の炎暑で、半ばびらんしております。それからウジがわいて、ハエが出ている。この腐乱死体からのにおいが、あの広い焼け跡に充満していたわけです。

　ところが、それから1カ月以上たった後「枕崎台風」というのが来ていますが、これで全部洗い流された。林さんが広島に入られたのはその後だから、もうにおい、遺体、そういったものがきれいになくなっている、そういった時間的な違いがあるんですね。

　実際に私が直面したことは、三菱兵器工場の中で後片づけをしている方を見つけて、被爆当時の話を伺って帰ったんです。そしてまた、2日、3日して、どうもあの人の話におかしいとこ

ろがあるから、もう1回確認しようじゃないかというので、2人で同じ方を三菱兵器に訪ねて行ったところが、つい2日ほど前に歯ぐきから猛烈な出血をして、夜中に高熱を出して、朝までに亡くなりましたと。これが、実は放射能による急性白血病の症状だったわけです。それで、これはやっぱり大変なことなんだなというのが、はじめてわかったわけです。

　毎日のように日が沈んで暗くなりかけると、あちらこちらでチョロチョロ火が燃え上がるんです。初めのころは、私は、防空壕で生活でもなさっている被災者の方が夕飯の支度をしているのだとばかり思っていたわけです。ところが、昼間歩いてみますと、方々に茶毘の跡があるんですね。骨が散らばっている。これで初めて、あの火はそれぞれの家族の方たちが、ご自分の肉親またはお友達、そういった方たちの腐乱してくる遺体にしようがなくて、皆さん、自分の手で茶毘をやっていた。

　一体こういうことが、普通の爆弾その他の攻撃を受けた都市で見られたろうか。実は私は写真を撮るときに、「あなたの苦しみをどうか写真に撮らせてください。その写真で、世界に、こんなにあなた方が苦しい思いをしたということを無言のうちに教えてあげたいから、1枚シャッターを切らせてください」ということをお願いして、シャッターを切ったわけです。ただ、残念ながら、お名前その他を伺ったメモを紛失してしまって、後々、いまだに私はあのお3人の方たちのその後を伺いたいと思って探しているんですが、どうしても消息がつかめません。そんなことが、やっぱり原爆の一つのあらわれだったのではないかと思っております。

――いままで発表されている原爆に関する写真を見て疑問に思ったことが一つあるんです。それは、広島の方では勤労奉仕などで出ていた、学徒動員の学生が、あるいはレントゲンの技師だとか、写真館の経営者、新聞社のカメラマン、気象台に勤務していて写真をやっていた方だとか、わりと広範囲な人たちが原爆に、原子雲に向かってシャッターを切っている。ですから、広島の原子雲の写真というものは比較的正確に確認できるのですが、長崎の原子雲の写真が非常に少ない。大村にあった海軍病院から軍医さんが撮ったのが1点残されているんですけれども、それも、広島みたいな正確な形での原子雲ではなくて、ちょっと見ると夏雲みたいにも見える。そして、一般の人たちも、当時の長崎県警の方と長崎造船所の方と市役所の方と、3人の方が記録しているとしかわかっていない。日本で一番最初に写真が伝わった長崎なんですが、長崎の方が非常に少なくて、広島がなぜあれ

撮影の合間に飯盒での自炊。
松本(右)、同行の半沢記者。広島で
写真提供・松本栄一

だけ多かったのか。率直な疑問なのです。

原子雲を撮ったのは 17 歳の少年

林　私もそう思いました。端的に言いますと、長崎の要塞司令部というのは、当時として、機密のかたまりみたいなところです。それから、広島は軍都と言われた、第五師団の司令部の所在地ですけれども、やはり物資の集散地ですから、その点、陸軍関係が全部取り仕切っていた、そういう違いがあるんですね。海軍と陸軍。ましてや終戦直前の「武蔵」、「大和」。あの軍艦が秘密裏に出航して、秘密裏に失ったという地ですから、それはすさまじいほど検閲がひどかったと思いますね。

　広島の原子雲をみごとにとらえたのは 17 歳だった山田精三さん。彼は中国新聞の新聞少年だったんですね。それで新聞社に毎日勤めていて、その日に限って休暇届を出して、友達と、爆心から約 6、7 キロ離れた水分（みくまり）峡というところに水泳に行こうと言って、二人で行ったんだそうです。

　それで、カメラが好きなものですから、雑嚢にカメラをしのばせて、弁当の材料を持って行ったところが、約 6 キロ離れた山中で、いきなりバーッと、目の前が灰色の世界になってしまって、直径 30 センチからの太さの松の木が、数分のうちにズズーッ、ササササッと横になびいたというんですね。ところが彼は、その光景を、6 キロ離れた原爆を見ながら、何が何だかさっぱりわからない。とにかく、「これはえらいこっちゃ」一体何だろうとひょっと見たら、キノコ雲がまさに上がってきたわけです。すかさず彼は、バッグからバルダックスか何かのセミ版のカメラを取り出して、1 発撮ったんです。そして、「こりゃあ何だ？」と言っているうちに、もう 1 回巻いて撮ろうと思ったら、もうこの雲がファインダーいっぱいに広がっちゃって、2 発目からは何も撮れない。運よく第 1 発目の、実にすさまじい、雲の下からドーンと突き上げて笠状になったところを 1 枚しか撮れなかった。山を下り始めたら、被爆者が上がってきたんですね。被爆者は指の先から全部、皮がた

90 式携帯電話機の鞄、陸軍の航空服、焼け残りの登山靴、
全てを失った当時としてはまあまあの装備であった。
（長崎浦上の爆心地に立つ）昭和 20 年 10 月中旬　写真提供・林重男

れている、髪はぼうぼうで。「火薬庫が爆発したに違いないから、とりあえずおれは会社に帰る」と言って、中国新聞に帰って行くわけです。

ところが、広島駅の近所に来ると、もう火が渦巻いていて中に入れない。それでやっと川沿いに通っていって、上流川町の中国新聞の社屋に行って、彼は、3階の自分の仕事場までいくと中は全部ロールペーパーから何からめちゃくちゃになって焦げている。全部が火で焼かれている。

非常に仲のよかった加藤さんというおばさんが、あの原爆が落ちた8時15分は必ずベランダに出て掃除している時間なのだそうですよ。それで彼は、あのおばちゃんがきっとここで爆弾の被害に遭ったに違いないと思って、その部屋を探したんだそうです。狭い部屋だから、もうめっちゃくちゃになって、何が何だかわからないんだけれども、そのおばちゃんの挿していたサンゴのかんざしが1本落ちていた。「ああ、おれが水泳に行かなかったら、このおばちゃんと一緒におれもここで焼け焦げになっていたんだな」と、彼は懸命になって、もっとそのおばさんの遺物がないかと探す。そしてひょっと見たら、窓の壊れた鉄枠の一部に小指が引っかかっていたんだそうです。

残骸を見ますと爆心から真正面のところにある部屋なんですね。実際にこの被爆を免れて現場に立ち至った山田精三さんの話は、私はもうすごい思いで聞きましたね。

こういう話は枚挙に暇ないんですけれども、そのたびに私が思うのは、やはり核兵器の残酷さ、これはあの広島平和公園の碑にある通りに、「過ちは繰返しませぬから」という言葉を、われわれ胸に深く焼きつけて、こういう日本の歴史があったということを皆さんひとつ、お子さんたちに語り伝えて、世界中から核兵器がなくなるまでわれわれも運動を続けるつもりでおります。今日の私の拙い話で何か得るところがありましたら、お話くだされば幸いだと思います。

爆心地は浦上の上空560〜600メートル

松本 いまの林さんのお話の中で補足させていただきますが、なぜ広島、長崎であまり写真を撮っていないかというご質問がありましたけれども、いまの方はあまりご存じないことなんですが、この広島も長崎も両方ともが軍事要塞地帯に入るわけです。当時、要塞地帯でカメラなんか持っていたら、これはすぐ憲兵に引っ張られたものなんです。それほど厳しい世の中だったわけです。ですからいまのような、本当に10人いれば10人がカメラを持っているといった潤沢な時代ではございません。それに一般の人にはフィルムの入手難だということもあります。私が広島、長崎へ行った目的というのが、『科学朝日』という雑誌が、いまも朝日新聞から出ております。これのグラビアページで、原爆というのが一体どういうものかを紹介しようじゃないかということでいったわけです。私らが入ったときには、爆心ということは、言葉としては出ていましたが、ここがそうだというものは何もなかったんです。それで私たちが企画をしたのは、その爆心から1キロ離れたところでは建物がどういう壊れ方をしたか、2キロ離れたところではどういう壊れ方をしたかというようなねらいで撮影しようじゃないかということで出かけて行ったわけです。

ところが、一緒に行った半沢記者は、さすがに科学部で洗練された人でした。長崎に入って「栄ちゃん、これを見なさいよ、立木とか電信柱が真っすぐ立っているところが爆心の近くだよ。爆心から離れるに従って外側へ外側へと盃状に広がってものが壊れている」と。そういったことから、浦上のあの天主堂の下に行って、「この辺だ」と。そうしてさらに、私の、はしごの影が板塀に焼きついている写真がありますが、これが4.5キロぐらい離れたところにあった要塞司令部。そこに私が地図をもらいに行ったわけです。そうしたら、うちの構内でこういうものがあるというの

で撮ったんですが、あの影と同じように、はしごを立てかけて、そうしてその影の角度を見た。その角度を計りながらずっと浦上へ持っていって、地図の上で計算してみると、大体560メートルというのが出てきた。ですから、浦上のこの辺で、確かに上空560メートルから600メートルぐらいの間で爆発しているというのを、この科学部の記者が、まず示してくれたわけです。

それから私たちの取材が始まったんですが、いま申し上げましたように、地図の上で1キロ、2キロメートルという線を引くのに地図がないんです。これもやはり要塞地帯なものですから、地図なんていうのは市販されていません。そこで、要塞司令部に言ったり、警察の当時ありました特高という特別高等警察です。大変こわいところなんですが、そこへ行って手に入れたのが、真っ白けの、白地で何も書いていない、ただ輪郭だけがかいてある地図をもらった。こういったことは、いままた新たに思い出してきました。

――そのような大変なご苦労をして撮影したフィルムを日本を占領したアメリカ軍に没収されそうになったと聞いていますが。

写真家の撮影したフィルムは軍人の銃と同じ

林　はい、ありました。松本さんの場合と私は立場が違いますので、私ども原子爆弾災害調査研究特別委員会として行った記録を、戦後、昭和20年の11月と記憶していますが、アメリカ軍が直接私らの東方社にまいりまして、撮影したフィルムを全部出せと言って来ました。その場に私、立ち会っておりますからはっきり申しますが、そのときの写真部長が木村伊兵衛さんだった。それで向こうにアメリカ軍の通訳と将校、木村さんがこっちで、机一つで対峙していた。私は衝立一つへだてて聞いていました。木村さんに、盛んにアメリカ軍の将校が通訳を通して、フィルムを全部ここに並べろと強要するわけです。木村さんがそこで何をおっしゃったかというと、「われわれにとって撮影したフィルムは、あなたが腰の右につけている拳銃と同じだ」と、将校に指差して言っているんです。「その拳銃をここに置きなさい。そうしたら、われわれの部員が撮ってきたフィルムを全部ここに出しますよ。交換しましょう」と。さすがにその将校は、それだけはできなかった。それで、「拳銃を渡すわけにはいかん」と。「そうしたらわれわれもフィルムを渡すわけにはいきません」と、非常に勇気のある答えで彼らの要求を突っぱねた。そのためにわれわれのフィルムは、いま現在でも残っております。片や、一緒に被爆地へ行った日本映画社の映画班のフィルムは、全部没収されました。それでアメリカに持って行かれたのです。「しかし、この写真をわれわれはほしいんだけど、どうしたらいいか」とアメリカの将校が木村さんに言うわけです。「そんなことは簡単だ。この写真を全部プリントすればいいんだから。プリントして持っていらっしゃい」と、こう言ったんです。「それなら、ことしのクリスマスまでにプリントできるか」、「ああできます」。「じゃ、プリントしろ」と命令を出したんです。そうしたら、「ちょっと待ってくれ、われわれには戦争に負けたために写真を焼く印画紙がない。薬がない。乾かす器材がない。これがあれば、すぐにでもできます」と。そんなことはアメリカ軍にはわけはない。「じゃ、全部計算しろ」と将校。それで木村さんが「おおい、林くん、ちょっと計算してくれ」と衝立越しに言ったわけですよ。私は計算しているふりをして、大ざっぱに大体このぐらいと、全部値を出したんです。大目に。印画紙を何百箱、ガロン計算で、薬品は、現像液が何ガロン、定着液が何ガロンと、アメリカの将校にわかりやすいようにガロン計算で出した。それに印画紙を乾かす乾燥機が3台、こう出しましたら、彼はこれを見てOKと言って帰り、その全材料が届いたのは3日後でした。3台の

クォータートントラックという小さなトラックに積んできまして、材料をドーンとわれわれのいる玄関の前に突きつけたんですね。この時、こんな豊かな国と戦争したのがまちがいだったとつくづく思いました。

――当時、映画プロデューサーの相原秀次さんが記述している中では、54人ぐらいの人が、広島、長崎で原爆の記録を撮っているだろうと。そのうちすでに半数の方がお亡くなりになって、林さんたちと一緒に入った、私たち日本写真家協会（JPS）の先輩でもある菊池俊吉さんも、昨年の11月に急性白血病で突然お亡くなりになられたわけです。約1カ月間も、それも被爆直後に入っていらした松本さん、林さんをはじめ、いまご健在でいられる原爆を記録した人たちの健康が心配なのですが……

写真に写らない放射能の恐さ

林　いわゆる放射能について両面からお話しすると、写真に写らないのは放射能ですね。また、感光するのも放射能なんですね。私どもは最初行きますときに、せっかく撮った写真が全部放射能でかぶってしまうんじゃないかと。これに対する処置をどうしたらいいかというので、一番関心事がそこにあったんですが、撮影しましたフィルムを、日本映画社関係の人が急遽東京に行くというので持って帰ってもらって、テスト現像したら、大丈夫だという電報が入って、私どもは撮影を続けたわけです。

　そして、これは時効ですから、お話ししますが、私が入りましたのは、さっきお話しのあった「枕崎台風」が上陸し、通過した後のわけですね。私が行ったとき、まず不思議だったのは、家が1軒もないということですね。当然バラックが建ってしかるべきだという話も聞いていたのに、これは何というきれいなことだと。それで一望、見渡して写真を撮る前に、一瞬、おかしいなという疑問が起きた。あまりにもきれい過ぎる。それは、いわゆる軍司令部のあるところですから、爆弾が落ちた後、兵隊を使って、作戦路と称する主要道路の二号線は全部掃除したんですね。それで軍車両が通れるようにきれいにしたとは言いながら、あまりにもきれいだったので、これはどういうことだろうと思って宿舎に毎日帰るわけです。

　帰ると、東京大学の先生方の助手をしておられる方が、毎日の測定値を宿舎で全部記録していくわけです。毎日「おかしい、おかしい」と言っているんですね。いったい何がおかしいんだろうと思っても、なかなかそのおかしい原因を聞き取ることができないんです。

　東京へ帰って、明くる年になって、突然箝口令が敷かれたんですね。「これはしゃべってはならん」と。われわれが行った広島では、放射能の測定値が非常に低かったんですね。それで、もしこれを軽々しく言ってしまうと、アメリカ軍の核爆弾に対する認識を、「それみたことか、大したことないじゃないかという宣伝に利用されるから、これは絶対口外してはならない」と。何と、その原因は、台風だったんですね。台風がすべてを流していった。

　これは先年、私も松本さんもモスクワに行きまして、ノーボスチ通信社にいったときにチェルノブイリ原発事故を撮影したカメラマンと一緒に会談したんですが、そのときにも、やはりいろいろ向こうの写真を見せてもらったら、ものすごく建物を洗うんですね。プリピャチの町をほとんど噴水で洗ってしまう。洗った水は流せないから、またプールに戻して、それを缶に入れて土の中に埋めて捨てる。こういう大変につけの重い仕事をやっておるんですね。ですから、やっぱりあのときにも台風が大分放射能を流し去ってくれたんだろうなということが、後年はっきりしました。放射能は写真に写らないので、われわれは大変くやしがったんですが、何とかして放射能を写す

方法はないかと思ったら、やはりチェルノブイリで若干それを証明してくれた。あるテレビの画像で、放射能だということを証明してくれたけれども、あれも若干、眉唾じゃないかという説もあるんですが、確かに画像の走査線が乱れておりますね。そういう未知の放射能に対して、ずいぶん怖れたものでした。

松本 僕の場合は、林くんよりもまだ1カ月も前ですから、十分に残存の放射能はあったと思うんです。最近、広島や長崎の原爆病院をお訪ねしますと、いま入院されている方たちは、大体親戚の手伝いに入ったとか、遺族を探したとかいうような、いわゆる直接の被爆をされた方でなしに、後から入られていわゆる二次放射能によって汚染された方が多いんですね。それを見てまいりますと、私などというのは、本当にこんな幸運な男があるのかと、自分でそう思っております。

いまノーボスチ通信社の話が林さんから出ましたけれども、この通信社を訪ねたときも、第1の質問が、「おまえたち、広島、長崎に入るときに、防護服は一体どういうものを着て入ったのか」ということだったんです。「冗談じゃない。まだ僕らが広島、長崎の被災地を撮影した時点では、放射能からの防護ということは考えていなかった。それほどの怖ろしさがあるものとは知らなかったから、普通の服装のままで入っていた」と。とにかく3週間、両方合わせて1カ月近い間を歩き回って、これという異常がいまだに出てこないというのは、こんなに幸せなことはないと思っております。

この間も、一緒に行った科学部の記者と、社の古い連中が集まる旧友会の会場で二人で「お互いに、死ぬときはきっと癌で死ぬだろうけれども、死んだら献体をして、放射能がどういう影響を残していたか調べてもらう方がいいんじゃないか」と話しました。

——最後に、お二人の方をはじめ、50人以上の方が命の危険を冒して、世界で最初の核兵器の使用によって生じた惨状を写したわけですけれども、そうした核の絶対の事実というか、そういうものがわずか50年あまりの歳月の中で、私たち日本人だけではないんでしょうけれども、人々の意識の中で薄まりつつあると思うんです。いまから17年前に、日本の写真家、写真評論家など552人の人たちの呼びかけでできた「反核・写真運動」は、この間、細々ですけれども、そうした先輩たちが命をかけて撮ってきた遺産を後世に残そうということで、フィルムの複製、あるいはオリジナルプリントの収集、原爆を撮影した人たちの調査活動をこの間ずっと続けてきました。それぞれ非常に忙しい人たちが、ボランティア活動でやってきました。この運動をこれからさらに進めていかなければならないということをいまのお話を聞きながら改めて思いました。原爆を記録した人間として今後の運動に対する期待や、政府や国に対しての要望などがありましたら、最後に一言お願いしたいと思います。

一刻も早く被爆者の救済を

林 私が願うのは、いまも病の床に伏せっておられる35万数千人の方々のことです。私は前から申し上げているんですけれども、日本はまだ被爆者に対する援護法は制定されてない国家なんです。何とも情ない。いまバブル経済のつけが盛んに新聞紙上をにぎわしていますけれども、一体日本人はどうなってしまったんだろう。あれだけの金が特定の人の間で左右されるならば、あの何分の一でもまわせば被爆者に対してちゃんと制定された法令ができる。いまになって1日も早くというのはおかしな話ですけれども制定しなければ、あの方たちは、死んでも死にきれないと思いますね。

現に、先ほどもお話がありました私と一緒に広島に入った友人の菊池くん。彼は私よりも2つ

年上でありましたが、ちょっと虚弱体質だということも災いしたのかもしれませんが、昨年の10月に発病して、亡くなったのが11月5日でした。奥さんの話によれば、急に具合が悪くなって、お医者さんに調べてもらったら、これは大病院で精密検査をする必要があるというので、早速大きな病院に行きましたら、急性白血病で、白血球が通常の人の数十倍になっていた。急遽入院したところが、そのときすでに肺炎を併発して、あっという間に亡くなってしまいました。

これなども因果関係は立証できないとのお医者さんの言葉だったそうです。われわれの先輩の長崎を記録した山端庸介さんは、被爆後20数年にして肝臓がんで亡くなられました。山端さんが長崎の刑務所跡に撮影に行って昼食にしたときに、急性放射能障害によって食べたものを全部吐いたそうです。そういう被爆1日後の写真を百数十枚のフィルムにおさめて、しかも想像もできないような放射能を浴びて、食べたものを全部吐いた。果せるかな、やはり彼の手記によれば、「原爆のためとは言えないかもしれないけれども、おれはそう思っている」と言って亡くなったそうです。

こういう話を思い出すと、何十年たっても、その障害の影はひたひたと、いま申し上げた30数万の被爆者の上にものしかかっているのではないかと思って、それを考えると、1日も早く法令を制定するように、皆さんにもお力を貸していただきたい。

松本 この間、広島の市長ともいろいろお話ししているときに出たことなんですが、実は私、はじめに申し上げているように、長崎に入ったのが8月25日でございます。爆弾が落ちたのが8月9日です。そうしますと、いわゆる被爆者に対する被爆者手帳というのは、罹災してから2週間以内の人には、証明があれば被爆者手帳というのがもらえるんだそうです。ところが私の場合は25日で1日違いなんです。それで、あなたには差し上げられませんということを市役所の担当の方から言われております。その話を私、市長としたんですけれども、私みたいに達者でいるものは、あなた1日違いだからあげられないよと言われても、さほどに感じはしないけれども、実際にいま病院で苦しんでいられる方に、「あなた1日違いだから被爆者手帳には該当しないんだというようなことを断れますか。そういうむごいことをあなた、言えるんですか。何かここで、国がだめならば、自治体が何か救済の方法を考えてあげることができないのか」ということを市長と盛んにお話ししたんですけれども、「そこが松本さん、法律というのはどこかで線を引かなきゃならない」ということを言っておられる。そういうことを聞きますと、本当にまだまだ、被爆された方々への援護、救済、こういったものが決して十分なことではないと思いました。

私たちが撮った原爆の写真を見て、平和というものがどんなに大切なものか、そういうことをひとつお互いに考える材料にしていただきたいと思います。願うことは、こういった運動を1日も早くやらないで済むような世の中にしたい。それが私どもの念願でございます。どうか、皆様方のお力添えよろしくお願いいたします。

――松本さん、林さん、今日は貴重な体験談やご提言、本当にありがとうございました。

(1991年7月26日　於東京山手教会)
司会・構成／小松健一
写真／川原 勇
協力／「反核・写真運動」
◎日本写真家協会会報　第88号(1991年11月25日発行)に掲載されたものに一部、加筆・補正をした

解説

「長崎の原爆を撮った男」

新藤健一

広島と長崎の原爆を撮ったカメラマン、写真関係者は「反核・写真運動」の調べによると
氏名が分かっている方々だけで47人になります。撮影者名を列挙します（順不同）。
黒石勝、北勲、松重三男、岸本吉太、山本儀江、松重美人、尾木正巳、岸田貢宜、尾糠政美、谷川辰次、山田精三、深田敏夫、富重安雄、相原秀次、松本栄一、菊池俊吉、林重男、田子恒男、中田左都男、山端庸介、川本俊雄、小川虎彦、川原四儀、木村権一、斎藤誠二、鴉田藤太郎、森本太一、林寿麿、空博行、森末太郎、松田弘道、塩月正雄、宮武甫、保野公男、加賀美幾三、三木茂、菅義夫、山崎文男、筒井俊正、山中真男、二瓶禎二、眞島正市、堺屋修一、弥永泰正、津場真雄、桝屋富一、佐々木雄一郎の各氏です。
不安と恐怖が渦巻き、耐え難い悲惨な人類未曽有の修羅場で歴史を記録してきた「原爆を撮った男たち」の体験と証言を
『広島原爆写真集』と『長崎原爆写真集』でそれぞれに、紹介します。

長崎を撮影した陸軍報道班員　山端庸介

　8月9日昼過ぎ、長崎に「新型爆弾」が投下された第一報を聞いて、陸軍省西部軍報道部にいた詩人の東潤（島本武男）、画家の山田栄二、カメラマンの山端庸介、そして下士官の2人は午後3時発の列車で博多から長崎へと向かった。
　東のルポによると鳥栖までは順調に走っていた列車も、長崎本線に入った途端に、警戒警報が続き、肥前山口に着いたのが午後8時ごろであった。「汽車はのろのろ運転で進む。60キロ先の諫早に着いたのが深夜であった。入って来る上り列車には目もあてられぬ程に、大小傷を負うた様様な負傷者が車内にあふれて、まさに鬼気せまるその呻吟や歔欷が、ひしひしと私達の肺腑をえぐり、また一種異様な腐肉の臭いが鼻孔をついて、惨憺たる憂愁を煽るものがあった」（東潤『原爆の長崎』1952年、第一出版社刊の要約）。
　諫早駅ホームには、焼け爛れた死体が山積みにされていた。ルポは続く。「着く駅も着く駅も、燈管下に浮き出るものは、ひきも切らぬ『死の上り列車』の惨状である。ボロのように皮膚が垂れ下った肉体、骨の見える手、骨の見える足。閃光に焙られたのか、くしゃくしゃに糜爛した顔と云う顔。それ等の夜目にせまるクローズアップは、これが果たして現実かと疑わしめるものであった」。
　汽車は翌10日午前2時から3時ごろに道ノ尾駅に着いた。残る駅は浦上、長崎の二駅だが、これ以上の汽車の通行は不可能であった。山端庸介が撮影して有名になった「乳児を抱えた母親」の写真は午後3時頃、ここで撮影された。
　今春、原爆写真集の打ち合わせで、山端庸介の長男、祥吾に会った。待ち合わせたのは都心の一等地に建つ六本木の国際文化会館。この敷地は戦前、岩崎小彌太（三菱財閥創始者、岩崎彌太郎の甥）が所有し、日本庭園の見事さには定評がある。レストラン「SAKURA」から見える庭には青空をバックに桜が浮き上がっていた。いまは平和になった日本の花日和、祥吾はランチを味わいながらも、長崎で修羅場を体験、48歳という若さで亡くなった父親のことを話してくれた。話題は長崎を撮影したネガの検証や、庸介と同じように被災地を歩いた林重男らカメラマン仲間の思い出にふれ、原爆写真の大事さを熱っぽく語る。

「長崎原爆の写真は確認できたのは123枚（コマ数は121枚）ですが、実際に使えるカットは117枚。2005年、日蘭原爆写真展を開催したとき未発表の3枚を発見しました。それは、親父が、万が一を考えて同じ西部軍報道部にいたロシア文学の翻訳家で詩人の中山省三郎に預けたアルバムから出てきたのです」。写真は中山省三郎の娘で絵本画家の小野かおるが所蔵していた。写真の中には、本写真集に公表された新しい写真もある。焦土を背景に子どもを背負った女性が鍋を手にする写真がそれだ。女性はこの鍋を使い、拾った遺骨を入れるというのだ。何とも物悲しい光景だ。

後日、祥吾から1冊の本が送られてきた。『ナガサキの原爆を撮った男　評伝・山端庸介』（2014年、論創社刊）だ。著者は祥吾の甥、青山雅英である。青山は日本大学卒業後、水産物流会社の社員になった。

44歳の青山雅英は180センチの長身で居合道をやる。山端家は曾祖父の祥玉、祖父の庸介も大柄なタイプだ。青山は自らのルーツと原爆写真について祥吾の支援もあって丹念に調査していた。青山は日本大学新聞学科を卒業しているだけにジャーナリストの素養があり、極力、身内の贔屓目を避け、コツコツと資料を集め整理してきた。その原動力は生前会ったことのない祖父や曾祖父への憧憬と生き方に興味をいだいたからだ。したがって、この本は他人にはできない近親者の協力があっての著作で、山端庸介の人間像を知る一級の資料といえる。この点を青山に聞くと作業は10数年かかったという。著者のご厚意でこの本を手掛かりにナガサキの原爆を撮った男、山端庸介の行動を再現する。

道ノ尾駅午前3時

陸軍省西部軍報道部は1945（昭和20）年7月、福岡市にできた。作家や文化人を徴用して国内外の宣伝を行う目的で町田敬二陸軍大佐が統括した。その報道部員の一人に火野葦平（本名・玉井勝則）がいた。報道部員は髪を丸刈りにはされず「長髪の市民兵」として集まった。

山端庸介が報道部に徴用されたのは1945（昭和20）年7月。8月1日に博多へ向けて出発した。「8月1日頃は、東海道沿線が艦載機で連日攻撃を受けており、そのため私は任地の西部軍報道部に行くのに、中央線で名古屋に出て、東海道－山陽道と退避しては走る列車で広島を8月5日の夜通過して、8月6日博多の司令部に着任いたしました」（山端庸介「原爆撮影メモ」北島宗人編集『原爆の長崎』）。

つまり山端は広島に原爆が投下される前夜、広島を通り博多へ向かったわけだ。

「道ノ尾駅には、午前3時というのに、人が溢れていた。力尽きてもう歩けない人、うめき声をあげている人などが横たわり、また亡くなってゆく人もいた。列車から降りた5人は、脱出しようとする人の流れに逆らって夜道を長崎へ向けて歩きだした。大きな画板を持っていたのが山田で、ライカをぶら下げていたのが庸介である」（『ナガサキの原爆を撮った男』）。

山端らは、傾斜のゆるい県道を6キロあまり長崎駅まで南下した。そこから東へ1キロ

山端庸介氏が8月10日撮影した長崎の原子野。
共同通信社（左）と米国のライフ（右）が保管していた
2枚の写真を米国のボランティア団体がデジタル画像処理して合成
= 1995年（TX Unlimited, Sanfrancisco）

歩いたところに、憲兵隊本部があった。炎に包まれた街が赤く染まった姿であった。

道ノ尾駅から住吉をぬけて、5人は三菱長崎兵器製作所の大橋工場西門前に着いた。暗闇に人が倒れうめき声を発している。生き地獄が炎に映し出されている。

東はこう表現している。「大橋の川端へ行くと、この附近は路地も川の中も死んでいる人、生きている人でいっぱいで、方々に人の声がしていた。私が通りかかると「兵隊さん、水を下さい。水を飲まして下さい」という。「私も水がほしいのだが持っていない。私は兵隊さんではないんですよ」と答えると、「私達は女や子供ばかりで何にもしないのに、どうしてこんなひどい目に会うのか」と怒りの言葉を吐いていた」。

山端庸介もこう書き残している。「熱っぽい風が顔に当り遠く所々に狐火の様に火がチョロチョロと燃えて長崎は完全に破壊されて居りました」。「石橋に寄りかかり足を投げ出し赤ん坊らしい子供を抱いた母親に悲しい声で呼びとめられた。母親は『お医者さんをお願いします。早くお医者さんをお願いします』と、うわ言のようなことをいう」(『ナガサキの原爆を撮った男』)。

おにぎりを持った親子

山端は、まもなく明けようとする空を見ながら、たばこに火をつけて、道ノ尾駅からここまでの状景を思い浮かべ、被爆した人たちについてこう語っている。

「露出している部分は、タイシヤ色をしているんですよ。目をやられるんですね。まぶたの裏側がはれてきて、そっくり返ったような形になって、目のふちは、まるで鳥の黄色いアブラ身のようになってしまって、失明しているんですね。そういう人たちが、両手を前に出して、手探りで歩いているんです」(『ナガサキの原爆を撮った男』)。だが山端が撮影したネガにこのような写真はない。

山端と山田栄二が、この井樋ノ口の現場に立ったのは10日午前7時半から8時ぐらい。井樋ノ口交差点のお地蔵さんは、切通坂の一部を削った地で、県道を見守るようにして並んでいる。

そこには、白いおにぎりの入った木箱が、お地蔵さんの前に積み上げられていた。およそ50個のおにぎりが入る木箱は、山端の写真で見る限り約100箱はある。この炊き出しのおにぎりは前の晩に長崎県大村の救護班が作り、井樋ノ口まで持って来た。山端はここで「おにぎりを持った親子」を撮影した。

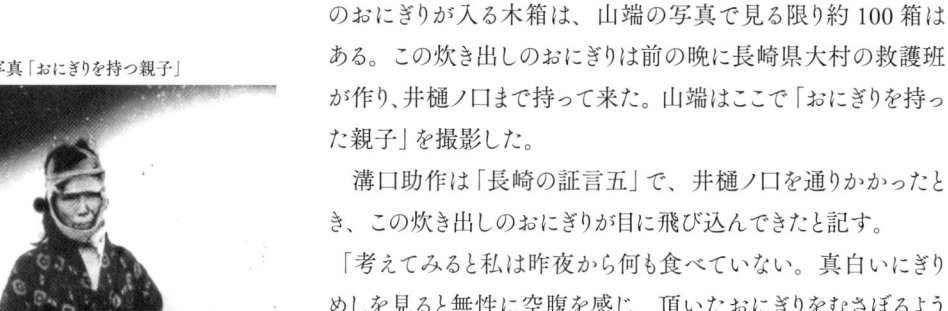

溝口助作は「長崎の証言五」で、井樋ノ口を通りかかったとき、この炊き出しのおにぎりが目に飛び込んできたと記す。

「考えてみると私は昨夜から何も食べていない。真白いにぎりめしを見ると無性に空腹を感じ、頂いたおにぎりをむさぼるように食った」。

その脇で佐賀県鹿島から応援に来た医師らは「毎日新聞佐賀県版」(1964(昭和39)年12月9日付)で見た光景を語っている。「トラックを止めた道路の両わきには、幅2、3メートルのミゾがあった。ふとみるとそのなかには焼けただれた老若男女の裸の死体が累々と見渡すかぎりつづいていた。どこからか一台のトラックがやってきて数人の作業員が死体をトビ口で引っかけて積み込み始めた。一行はただ顔を見合わせて声もでなかった。彼らが市役所へ行く途上で見たものは、死体をまるでモノのように扱う尋常を逸した世界であった」。

山端庸介氏の代表的な写真「おにぎりを持つ親子」

山田栄二の残した色

　三菱製鋼所の巨大な煙突は、びくともせずにそこに建っているが、工場は、鉄筋の骨組みだけのむごたらしい姿をさらしていた。8月10日午前10時前後に、山田栄二と山端は、この工場の近くを歩いていた。トラックが1台止まっていた。山田は、トラックの後部に立ち、スケッチブックを広げた。山端はここで8枚の写真を撮影し、山田は2枚のデッサンを描いている。

　長崎市が発行した通行証らしき腕章を、洗いたてのシャツの左袖につけている男がいる。腕章の男は、縦縞の少女の左隣で寝ている少女の目元に水筒の飲み口を近づける。少女は寝たまま、かぼそい左腕を、被っているシーツの上から出して、血だらけの手で額を押さえている。山端は少女が水を飲んでいる写真にこう言葉を付け加えている。「一人で呑む力さえ失った傷者、これが末期の水となった」と。彼女は山端と山田の前で短い生涯を終えた。(『ナガサキの原爆を撮った男』)。

　爆心地近くに白い旗に三本の縦線が引かれた「川南造船所」のトラックが停まっていた。トラックはおにぎりを積んでいたが、誰も手に取ろうとはしない。

　山田は山端に昼食にしようかと誘ったが、山端は腹の具合が悪いし、食欲も湧かないといって、昼食を食べなかった。山田によると、ここから山端とは別行動をとっている。山端は、段数の短い階段を登り、爆心地を俯瞰し、三枚のパノラマ写真を撮影した。この3枚の連続したパノラマ写真のほぼ中央が爆心地であるという。山田の『写真集　原爆を見つめる』では山端のことをこう評価している。「山端らが長崎に入った8月10日にはまだ爆心地が明らかにされていたわけではない。しかし、被災のありさまを探求する山端の忠実な目が、カメラを爆心地へみちびいたのであろう」(『ナガサキの原爆を撮った男』)。

悲惨な乳幼児を抱える母親

　被災者は駅前広場に辿り着き、広場には焼焦げた臭いや、血の臭いが溢れかえっていたようである。そこには黒か濃紺の厚手の長袖のシャツを腕まくりし、左腕に白い腕章をつけた赤十字の女性の看護師数名が右往左往していた。

　髪の毛を後ろに結った若い母親が、乳児におっぱいを与えながらむしろに座っている。乳児は頭と腕に大きなやけどを負っているが、母親の着物を左手でつかみながら薄目をあけて乳を吸っている。女性は医師が診断してくれるのを待っていた。そのときにこの女性は、ある男がレンズを向けて写真を撮っているのを見ていた。そしてこの男が、女性に近づき「写真を撮らせて下さい」といった。山端はこのことを、「原爆撮影メモ」(『原爆の長崎』)でこう綴っている。

　「悲惨な乳幼児の姿には目をそむけたくなった。看護婦の応急手当にも、既に泣き声も出ない程衰弱していた」。

　8月12日未明、山端、山田栄二、東潤三人は博多の報道部に戻った。12日付の「朝日新聞」は、1面で長崎に新型爆弾が投下された記事を載せていたが、それはうっかりすると見落とすほどの小さな記事であった。結果的に山端庸介の写真は対外宣伝向けに報道されずに終わった。

　貴重な現像は12日に行った。写真を見た同僚の火野葦平は山端に「この写真が軍部によって国民の志気を鼓舞するために利用されることを避けるため、フィルムは部隊へは渡さず東京に持ち帰るよう」勧めた。その後、写真は約7年間封印されたまま、山端家で保存されることになった。

　山端はこのことを「原爆撮影メモ」(『原爆の長崎』)でこう語っている。

　「この写真が現像されて、末期的現象を表していた軍部の手によって発表され、日本の民心の最後の志気鼓舞や、続いて行われるであろう原爆攻撃に対する最も消極的避難方法に、誤った利用をされなかった事は不幸中の幸であったと思います」。

以上が長崎で原爆を目撃した山端庸介の足跡だ。本稿の執筆に際しては青山雅英の書いた『ナガサキの原爆を撮った男』に負うところが多い。

　山端の長女、励子と、千葉大学を出てジーチーサンに勤めていた青山恒昌が結婚したのは、山端の死後2年が経った1968（昭和43）年だった。その後、雅英が生まれた。その雅英が家人から伝え聞く祖父は謎をはらんだ生涯で、それを追うことが、本をまとめるきっかけとなった。

　伝説になっている山端庸介の父、山端祥玉は破格な人物だった。福井と岐阜の県境にある山村の勝山市に生まれた祥玉はスケールの大きなアイデアマンであり、波乱万丈の人生を送った。祥玉は明治の終わりころ、シンガポールに雄飛、写真店を営むが、志を得ずに帰国。東京で再起をはかる。昭和初年には自動写真現像機を輸入し、海軍に協力して展示用の大型写真制作など写真業務一般を行う「ジーチーサン」商会を設立した。戦後になると祥玉は、日本初のタブロイド版「サン写真新聞」を創刊、皇室の仕事を開拓したり、新しい時代の宣伝写真に挑戦するなど常に前向きに生きてきた。だが、「大きな借金の後始末をする周りは迷惑だった」と祥吾は苦笑いする。

長崎を大型カメラで記録した三菱長崎造船所の森末太郎

貴重な歴史写真、ガラス乾板の乳剤を湯で溶かした松田弘道

　三菱重工グラバー邸館長や長崎国際文化会館の副館長を歴任した荒木正人は「長崎の被爆写真調査会」を組織して歴史的な記録を検証してきた。

　「長崎には猛火の中を撮影した写真はありません。いちばん生々しい貴重な写真は山端庸介。当日、写真を撮影しているのは原子雲を撮った松田弘道と大村海軍病院の塩月正雄（女優の塩月弥栄子の夫）の部下だった弥永泰正だけ」。

　真夏の空一面に広がる長崎の原爆雲を撮影した松田弘道の人物像はほとんど知られていない。荒木は限られた情報を集め、こう解説してくれた。「川南（工業）造船所の事務所屋上から写真を撮っていた松田弘道は職人気質の人。あまり金銭にもこだわらず、貴重な歴史写真も知人に渡し、ネガ（ガラス乾板）はお湯で流してしまった（乳剤を溶かした）。彼は『世の人のためになるならいい』と自分が撮影者であることも名乗らないで、写真2枚を残し昭和44（1969）年に亡くなったのです」。

　長崎港入口の南西にある香焼島（現在の長崎市香焼町）にあった川南工業の造船所は通称「川南造船所」といわれた。同造船所の従業員は最盛期で約1万5000人がいた。1943（昭和18）年当時、大手だった三菱重工業長崎造船所に匹敵する建造量を誇っていた。現在は三菱重工業長崎造船所香焼工場となり、南極観測船「宗谷」を建造したことでも知られる。

　一方、長崎市役所前で写真館を営業していた小川虎彦は長崎県が被災状況を内務省に報告するため撮影依頼を受けた。カメラは黒い布で覆う暗箱を使用、ガラス乾板で撮影した約430枚の写真記録は長崎国際文化会館が所蔵している。被災直後の写真は8月20日から9月30日まで40日間で222枚を撮影した。

未公開だった三菱関連施設の写真

　三菱重工長崎造船所の史料館は鋳物工場木型場の跡で1898（明治31）年7月竣工した歴史的建造物だ。戦時中、この長崎造船所は広島の呉で建造された大和と並び称される史上最大の戦艦「武蔵」を建造するなど技術の粋が集まった軍事施設だった。ここに「武蔵」の設計

図などの膨大な史料に混じり、原爆で被災した三菱重工関係施設を写した未公開アルバムがある。

　撮影したのは当時、長崎造船所船型実験場写真班にいた森末太郎ら3人。造船所で船舶、機械、工場などを撮影していた森らは会社の指示で動員された。保管されている大型アルバムには四ツ切の密着写真が貼られていた。非公式ながら私を招き、未公開の写真を見せてくれた関係者はこう語る。「この辺りは要塞地帯のため、防諜が厳しく写真はほとんどありません。あっても検閲で山の稜線を切るなど措置します。ですから軍艦もロクな写真がないのです」。それにしても、こうした大型カメラで撮影した原爆写真の鮮明さには驚いた。写真を拡大することで、これまでわからなかった被害の情報が読み取れることは間違いない。

　8月7日から森らが撮影を始めた秘蔵アルバムは2冊、いずれも同じ写真が貼ってあった。被爆記録写真は42枚あった。撮影場所や日時などの説明もきちんとしているが、こうした貴重な写真がなぜか、いままで公表されてこなかった。これだけ多くの三菱関係の原爆写真が発表されるのも本書が初めてになる。その理由を荒木正人はこう解説してくれた。

　「三菱兵器大橋工場で作られた魚雷が真珠湾攻撃で使われ、その報復として長崎に原爆が投下された、という見方が地元にはあるのです。三菱としては必要以上に県民を刺激したくなかったのでしょうね」。森は重たいスタジオ用大型カメラを3人がかりで移動して撮影した。だがガラス乾板は残っていない。連合国軍が長崎港に上陸した時、あわてて事務所を明け渡し、窓から荷物を投げて出し割れてしまったためだ。

　被災の状態を克明に記録した写真には一連の番号が付けられ、写真下には手書きの説明がある。説明を参考に被写体や撮影場所を特定してみた。主な写真は①船津町にあった赤煉瓦2階スレート葺きの三菱病院船津町分院②浦上川越しに見た三菱製鋼所圧延工場③銭座町高台にある聖徳寺から見た三菱製鋼所④長崎県立瓊浦（けいほ）中学校焼け跡より見た三菱製鋼所⑤長崎造船所船型試験場⑥新興善国民学校から五島町方面を俯瞰した長崎港には捕虜引き取りのため米艦船が停泊—などがある。

　これらの中で⑤船型試験場の写真は珍しい。正式には「三菱重工業長崎研究所船型試験場」といい、全長303m、幅16.5mの細長い建物で内部には船の模型を使って船の性能を調べる試験水槽がある。この施設は奇跡的に助かった。内部の試験水槽は無傷だったので現在でも使用しているという。

　2015年7月5日、ドイツで開かれていたユネスコの世界遺産委員会は「明治日本の産業革命遺産」を登録すること決定した。産業革命遺産は九州の5県と、山口、岩手、静岡の計8県にまたがる23遺産群で構成されている。代表的な施設の中には三菱グループが所有していた長崎の旧グラバー邸や端島炭坑（軍艦島）、三菱長崎造船所などがある。

　しかし、世界遺産登録を巡っては日韓の対立が直前まであった。一部の遺産候補地では日本の植民地時代、朝鮮半島出身者が動員された「徴用工」の存在があったからだ。長崎では多くの徴用工も被ばくしている。遺産登録は結果的に双方の立場を守る表現内容で折り合った。なお、秘蔵アルバムが保管されてきた三菱重工業長崎造船所の史料館では、これまで朝鮮人が強制労働された問題を取り上げてこなかった。

三菱重工業長崎造船所が保管している原爆アルバム

被ばく、その後を撮ったカメラマン

被爆者の心の傷、細江英公

細江英公氏
＝ 2007 年 1 月（撮影：新藤健一）

　文化功労者で世界的写真家の細江英公も広島の被爆者を取材したことがある。
「原爆は心の病気なんです。過去の問題だが、現在の問題でもあり将来の問題です。僕は写真家としては自分の写真には不満なんですが出すこと（公表）に意味があるんですよ」。
　細江は昔、出版した『HIROSIMA』（講談社インターナショナル）に掲載した被爆二世の子供の写真を示した。「こういう写真を撮ることは苦痛ですよ。両親の理解が得られたからですが、できるだけ手際よく撮影してカメラから解放させてやりたいという気持ちでシャッターを切った」と述懐する。
　細江は原爆ドームの近くで連合国軍の米人にケロイドの背中を見せ生計をたてていた「原爆1号」と呼ばれた吉川清を病床で撮影したことがある。「自分の体を恥ずかしくても見せる必要がある。その気持ちを写真家はくみ取らねば……」。細江の目は潤んでいた。

ポンペイは天災であったが広島・長崎は人災

　ナポリ近郊の古代ローマ都市国家、ポンペイは紀元 79 年、ベスビオ火山の大噴火で壊滅、古代人は火山灰の中に埋もれた。2005 年 3 月、ナポリ市のレアレ宮殿で写真展が開かれた。この写真展には世界の 7 人の写真家が参加、細江英公だけがポンペイを担当した。
　ポンペイ遺跡は 18 世紀に発掘され、世界遺産に指定された。発掘した灰の空洞に石膏を流し込むと、死んだときのままの市民の人型が甦った。母親が火山灰から子供を守ろうとした姿や犬の苦しんだ表情がリアルに迫ってきた。石膏像のカットを見た細江は「死んだ古代人からのメッセージを感じた」という。それからポンペイに通うことになった。
「ボクは人間写真家だから、遺跡が撮影対象であろうとも、『遺跡と人間』、それもいまの人間と 2000 年前の遺跡をどう繋げるかが、自らに課したテーマだと考えたのです」。遺跡に立った細江は、ここで「記憶」が甦った。
「このポンペイの死者たちのメッセージを現代の人々にどのように伝えるか。その主旨は『ラッセル・アインシュタイン宣言』そのものです。あの『宣言』の精神が理解されるというべきか、いや、50 年経っても 100 年経ってもわからないのか。黙っているのが一番良くない。いま、写真集を作りポンペイの死者のメッセージを伝えるのが先決だ」。
　ラッセル・アインシュタイン宣言とは、1955 年 7 月、米ソの水爆実験競争に危機感を抱いたバートランド・ラッセル卿と物理学者アルベルト・アインシュタイン博士が中心となり、世界の科学者 11 人が提示した「核兵器廃絶、科学技術の平和利用」を訴えた宣言文で日本の湯川秀樹も署名した。
「ベスビオ火山の死の灰が我らの命を奪い、その死体の形は広島と長崎の原爆被爆者の死骸とそっくりだ。天災は避けられないけれど、原爆は避けられるだろう」。細江はヒロシマの「記憶」をそこに重ね合わせた。「現代人の不退転の決意と強い意志と叡智があれば避けられる」。表情がこわばった。「避けられないとすれば、それは人類の絶滅を意味する。人類だけではない。この地球という太陽系の惑星は『死の星・地球』としてそのまま漂うだろう」。成果は『死の灰』（2007 年、

窓社刊）とタイトルした写真集にまとめられた。

　2007年2月、細江英公が訪ねたナチ収容所跡が残るポーランドのアウシュビッツは冷え込む。「これは取材ではなくボクにとって祈りの旅でした。訪問者が少ない冬のアウシュビッツは、それなりに感じることがありましたよ」。そしてこう続ける。「アウシュビッツでは『誰を殺すか、殺したか』記録にある。しかし広島、長崎では無差別で誰が殺されたかもロクにわからない。ポンペイのせっこう石膏像を見たとき、少年時代のトラウマとして自分の記憶の中にあった広島、長崎のことを思い出したのです」。細江は戦時中の小学6年生から中学1年生までの1年間を母親の実家がある米沢に疎開した。このとき、原爆が投下された。「原爆は子供ながらボクの心の中に深い傷を残した。それが後にボクの作品の中にいろいろな形で登場しているのです」と細江は言う。

　約10万人が死んだ東京大空襲もB29、290機による無差別爆撃だった。そして細江は1945年9月、東京へ帰った。だが入学すべき学校は大空襲で焼け、翌1946年4月に試験を受け直して都立第七中学校に入学した。多感な少年期を灰燼と帰した下町で育った細江は使命感に満ちている。「これを語るのはわれわれ、記憶のある自分がやるしかない」。この疎開時代の記憶を視覚化したのが写真集『鎌鼬』であった。『鎌鼬』は1969年度芸術選奨文部大臣賞を受賞した。1937年、スペイン・バスク地方のゲルニカもナチス・ドイツの無差別爆撃で多くの犠牲者を出した。故郷の悲劇を聞いたピカソは悲しみと怒りを込め、ゲルニカを題材に大作をまとめた。細江の心情もピカソと同じ悲しみだ。

土門拳、「週刊新潮」の特派写真家として広島の地を踏む

　土門拳が初めて広島へ出かけたのは1957年（昭和32年）7月23日。原爆が投下されてから13年目の夏だった。予想外に遅い取材だ。気おくれする土門拳に草柳大蔵が熱弁をふるって説得した。「リアリズム写真家として戦後の日本社会を鋭く見つめてきた土門拳が広島の現実に眼をそらしてよいのか。いまこそ被爆者の実態に迫るべきではないか」。土門はうなずき、「週刊新潮」の特派写真家として、はじめて広島の土を踏んだ。

　広島へは新潮社の草柳大蔵、飯塚博雄両記者と撮影助手として研光社社長の永井嘉一、小林龍雄、長女の眞魚が同行した。この取材をお膳立てしたのは土門の甥でカメラ雑誌「アルス」の編集長だった伊藤知巳だった。

　元アサヒカメラの編集長だった岡井耀毅は『土門拳の挌闘』（2005年、成甲書房刊）でこう述べている。「土門拳に広島の原爆被爆取材の打診があった。だが、土門はためらった。広島を恐れていたのだ。敗戦の翌年、九州へ行ったとき、荒涼たる原爆原野を列車の窓から眺め目、息もそこそこに通過して胸をなでおろした記憶がある。原爆のあとは25年から70年くらいの間はいっさい住めないなとというまことしやかな話がひろがっていたのだった。それから13年、すでに四十数万の都市に復活してはいたが、土門はまだ放射能に汚染される危険性があるように思っていたのだろう」。

　これについて土門拳は『続 死ぬこと生きること』（1974年、築地書館刊）に収められている「はじめてのヒロシマ」でこう書いている。「急行『安芸』で、ぼくは生まれて初めて広島の土を踏んだ。『週刊新潮』のグラフを撮りに行ったのだった。職業写真家であるぼくは、いわば『商売』のひとつとして行ったのだった。その限りにおいては、ぼくが広島へ行ったことなどは、なにも取りたてて言うほどのことはない。ただその後に、カメラを手にする人間としての、使命感みたいなものに駆りたてられて、憑かれたように広島通

土門拳氏の『ヒロシマ』
（1958年、研光社刊）

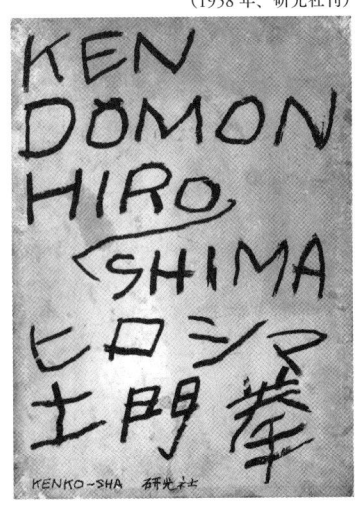

いすることになったという点で、またその結果こういう本を出すことになったという点で、その日はぼくの生涯にとって忘れがたい日となった」。

「しかしぼくは、広島へ行って、驚いた。これはいけない、と狼狽した。ぼくなどは『ヒロシマ』を忘れていたというより、実は初めからなにも知ってはいなかったのだ」。

これをきっかけに、憑かれたように広島に通いはじめた土門は、「原爆病院の患者たち」をはじめ、「被爆者たちの悲惨な日々」や「陰険執拗な魔の爪跡」を7800コマのフィルムに収めた。

土門の広島取材について写真評論家の重森弘淹は「大江健三郎をして、『最も現代的な芸術作品』だといわしめるが、被爆者の悲惨な現実の非情な記録は、強烈な社会的反響を喚起したのである」と評している。

「ヒロシマは生きていた。焼夷弾で焼きはらわれた日本の都市という都市が復興したというのに、そして広島市街も旧に立ちまさって復興したというのに、人間の肉体に刻印された魔性の爪跡は消えずに残っていた。それは年頃になった娘たちの玉の肌に、消せども消えないケロイドとして残っていた。それは被爆者の骨髄深く食いこんで、造血機能を蝕み、日夜、数万の人びとを白血病の不安にさいなんでいた。それは十三年前の被爆当時よりはむしろ陰険執拗な魔性を人間の上にほしいままにしていた」(『続 死ぬこと生きること』)。

自衛隊のジェット機には高額の予算を割きながらも、貧しい被爆者が入院加療を受ける予算を組もうとはしない日本的現実。土門は「ぼくたちは、戦争と貧困のからみ合った一切の不幸がしわよせされている広島・長崎の現実をまともに見る必要がある。その現実を踏まえた上での『原水爆実験禁止運動』であり、『被爆者救済運動』でない限り、それが政治的になったり観念的になるのは、避けられないのではあるまいか」と書き「この本に収めた写真の撮影にあたっては、広島の被爆者たちは『すべての国民が再び自分たちのようなみじめな姿になることがないように』と、自ら進んでカメラの前に立って、逆に一般国民に連帯する『悲願』を示してくれたのだった。何度、ぼくは目がしらが熱くなりながらシャッターを切ったことか」と結んでいる。こうして土門拳のヒロシマ取材は続いた。

土門拳の『ヒロシマ』を踏まえて　　東松照明

沖縄に続き、長崎市中心部にある東松照明の事務所を訪ねた。日本写真界の開祖、上野彦馬生誕の地や観光のメッカになっている眼鏡橋、国宝の第一峰門と大雄宝殿がある崇福寺、そして思案橋も近くにある繁華街だ。歌の文句ではないが長崎は今日も雨だった。梅雨時の九州では集中豪雨と台風の襲来で各地に土砂崩れや災害が起きていた。

写真集
「Hiroshima-Nagasaki Document 1961」を手にする東松照明氏＝2007年7月9日
(撮影：新藤健一)

「ボクが初めてこの地を踏んだ1961年、浦上天主堂の庭の草むらには爆風で吹きちぎられた聖像の首が、いくつも転がっていた。が、それもいまは、ない」。原水爆禁止日本協議会の依頼で被爆者や遺構を取材したときのことを東松が語る。「1960年8月、第7回原水爆禁止世界大会でインドの女性代表が広島で被爆者に会った。彼女は『悲惨の持続性にショックを受けた。すでに(原爆投下から)15年がたったのに、誰も被爆者の苦しみを知らないのではないか』と問題を提起した。『どのような方法で、この苦しみを伝えることができるか』。

これを聞いた参加者は『唯一の被爆国である原爆の悲惨な状況を今後は世界にあまねく知らせることが必要。そのために直截的に人の心に入り込んでいく方法は、やはり映像であろう』ということになり、写真集を作り世界にアピー

ルすることが効果的ということになった」。

　写真集は世界中にばらまくことになり英語とロシア語の解説書が付けられ、出版された。統一原水協では「広島のドキュメントはすでに土門拳の『ヒロシマ』がある。しかし長崎の写真が全然ない。長崎がどうなっているのかドキュメントしなくてはならない」と集約され、土門の写真に追加される形で東松照明が選ばれた。

　なぜ、東松に白羽の矢が立ったのか？　東松は「ボクはちょうどVIVOにいた当時だ。なぜか知らないが取材依頼を土門拳の甥の伊藤知巳がもってきた」。東松登用の背景には土門拳の助手でもあり「リアリズム写真運動」に熱心だった伊藤知巳の後押しがあったことは確かだ。

　発行は原水爆禁止日本協議会。編集はヒロシマ・ナガサキの記録編集委員会。構成は伊藤知巳、重森弘淹、瀬木慎一が担当。序文は湯川秀樹が執筆。挿入画は丸木位里、丸木俊。文は長谷川竜生。そしてレイアウトとデザインは粟津潔、杉浦康平で錚々たるメンバーによる土門拳と東松照明による写真集『Hiroshima-Nagasaki Document 1961』（発売は日本評論新社）が誕生した。ページをめくってみると冒頭から東松照明が撮影した長崎の写真で埋め尽くされ、後半に土門の広島写真が掲載されている。写真集の3/4近くは東松照明の写真だ。この写真で東松は第5回日本写真批評家協会作家賞を受賞した。「このようにして、原爆の写真集はでた。しかし、どうしても自分の気持ちの中にオモリのようなものが重苦しくおりて、それで終わったという感じがしない。そこで、その翌年も、また翌年もといった具合に、つかれたように私の長崎通いが始まった」。「土門拳はカメラマンとしての職業意識、使命感に燃えて、土門流のヒューマニズムで広島を撮り、告発した。モチーフは広島だけれども、テーマはやはり原爆の悲惨さだったと思う。それに対して、私はどうしたか。土門拳の業績を踏まえた上で、私の長崎を出発させていることは間違いないが、長崎へ行って、被爆者の方々と会ってみると、どうも写真集『ヒロシマ』から受けた感じとは違う」（『昭和写真全仕事』1981年、朝日新聞社刊）。

浦上で被爆遺産を撮影

　爆心地の東北に建つ浦上天主堂に行った。東松が撮影した石像の一部は教会の庭に置かれ、信徒会館には天使像やロザリオが保管されていた。あまり目立たないが天主堂の北側を流れる川べりに、左鐘楼の大きなドームが、半ば埋もれた形で残っている。

　被爆のシンボルだった旧浦上天主堂の取り壊し作業は、1958年3月から始まった。信徒が30年かけて積み上げた赤レンガが崩れ、廃虚となった天主堂を保存するかどうか、長崎市議会でも議論された。だが遺構の現場保存を求める声が強かったにもかかわらず、1957年、「天主堂再建のため取り除く」という方針が教会側から伝えられ、市が一部を爆心地公園（平和公園）に移すことを前提に取り壊しが始まった。

　新しい天主堂が完成したのは1959年11月。東松が撮影したのは、その直後だ。「ボクが撮影した当時、石像はすでに苔むし、薄汚れていた」。それでも貴重な歴史の記録となった。

　「広島には原爆ドームが（世界遺産に指定され）一種の歴史の記録となっているが、長崎には被爆した天主堂を「残す」という考えが通らなかった。浦上地区はカトリックの信者が多いところで、ぜひ残すということだった。だが市長が米国に呼ばれて帰国したら取り壊すことになってしまった。ボクは米国の圧力があったと思う。米にはキリスト教徒が多いので、残すことは『米国のイメージが悪い』と判断したのだろう。

　これは沖縄国際大学にヘリが墜落、現場に残った黒い壁を撤去したことと同じ。ポーランドのアウシュビッツ、中国では南京虐殺など世界中で戦跡を残そうとする。人類は過去にあった"負の遺産"を忘れてはいけない」。

東松は長崎での撮影について『昭和写真全仕事』でこうも語っている。

「結局私自身はどうしたかというと、土門拳は広島で絶叫しているけれど、私はどうしても長崎で叫ぶことはできない。正視できないくらい悲惨であり、こんなことが2度あってはならない、と私も思うのだけれども、どうしても土門拳みたいに泣けないし、絶叫できない。それは戦争をどういう形で経験したかというゼネレーションの違いかもしれないと思ったり、あるいは写真家としての個人差かもしれないと思ったりした。そして、もう自分流にやるしかないと思うようになった。自分流というのは何かというと、土門拳の『ヒロシマ』は、モチーフは広島だがテーマは原爆の悲惨さといったけど、私の『ナガサキ』についていえば、モチーフは原爆だけれど、テーマは日本の戦後史ならびに日本人、方法論的には、風化の記録だった。

果たして写真がなにをなし得るか。その時々の写真の記録とはどういうことなのかという問いかけをしながら写真を撮った。したがって、泣きもしなければ叫びもしない、きわめてスタティックな写真になったと思う。それが多分、『ヒロシマ』と『ナガサキ』とを決定的に分かつところだろうといまは考える」（昭和55年）。

苦悩の被爆者撮影

東松は遠い彼方を見るような視線でこう切り出した。「被爆者は当初30人ぐらい撮影したが、いま、交流があるのは3家族だけ。友達や家族のような付き合いをしているが、撮影目的では会わない」。

福田須磨子を訪ねたときのことを語る東松の口は重い。「カメラを出したいのだがバッグから出せない。ぶるってしまうボクに福田さんは『あなたは私を撮りにきたんでしょう。早く撮影しなさいよ』といわれてようやくシャッターが切れた」。福田さんは被爆後遺による紅斑症で、入退院を繰り返しながら詩を書いていた。顔はもちろんのこと、全身かさぶたで赤くただれていた。被爆者の苦悩を知っている東松の表情がさらに険しくなった。「片岡津代さんの顔はケロイドでひきつり変形している。彼女の話を聞いたことがある。『道で拾った鏡の破片に、顔を映したときの驚きは、一生忘れることができない。ショックで地面に鏡をたたき付けた』という」。

「被爆当時、私は三菱兵器製作所に徴用工としてでておりました。国のため、国のためといい、結婚を後まわしにして働いたものです。24歳でしたが、私のようなものでも結婚の申し込みが30ばかりございました。ときどき昔のケロイドのなかった顔を想い浮べることがあります。心に誇りをもっていた青春時代の楽しかった想い出が甦ってくるのでございます」。文章は女性の気持ちだけに胸を打つ（『〈11時02分〉NAGASAKI』1966年、写真同人社刊）。

「彼女の悲惨な状況を見て戦争がまだ終わっていないことを知った。写真集を世界中にばらまけば私の使命は終わったのだが、自分の気持ちが整理できず毎年、長崎に来るようになった」。

片岡は東松にいった。「カメラマンにはいろいろな角度からケロイドを（写真に）撮られるが、ケロイドのない反対側の顔を撮ったのはあなた、東松さんだけ」。片岡さんとは同時代を生きてきた仲間として「お姉さん、お兄さん」と呼び合う。

東松が1998年、長崎に"移住"してから10年。沖縄に通いながら長崎に住む理由について東松は「ボクは、その街にほれると住んでしまう習性がある。いまボクは町歩きしながら瞬きのリズムで写真を撮っている」と語る。坂道を歩きながら長崎に恋した理由をこう話す。「長崎は異国情緒や生活習慣が複雑に入り交じって興味深い」。事務所近くの大音寺と晧台寺に挟まれた坂道へ案内してもらった。

「坂は一歩一歩下るたびに風景が変わり、影の出方がデリケートで絶妙」。梅雨の晴れ間、小雨に濡れた木々の緑と石畳がしっとり輝き、眼前に新鮮な世界が広がった。リラックスした東松は

猟犬のように被写体を追い、リズミカルにカメラを向けていた。

反骨の写真家、福島菊次郎　被写体と撮影者の間にある心の葛藤

　1960年代から80年代にかけ、福島菊次郎は印刷メディアでは超売れっ子だった。暴漢に襲われる直前の69年には、1年間で雑誌、写真集に総計732ページ、712点の写真を発表するほどの多作である。

　だが、福島はある日、「反自衛隊、反軍需産業へ」と路線を変えた。道義的には批判を免れない。騙された当局の慌てようと怒りは相当なモノだったであろう。

　これについて福島は『ヒロシマの嘘』（2003年、現代人文社刊）でこう述べている。「ある場合は思想や行動を共有する信頼感のなかで、あるときにはまったく敵対する相手と対決してシャッターを切らなければならない。この矛盾した行動に画一的な答えはない。個々のカメラマンの立場や歴史認識や人間性を『あなたは何のためにこれを写し、どう発表しようとしているのか』と厳しく問われるだけである」。反骨カメラマンならではの見識だ。

　福島菊次郎が広島を本格的に撮影しだしたのは、約60年前の1954年3月、米国によるビキニ水爆実験に反対の声があがり始めてから。原爆問題にカメラを向けて30年間。そこでも大きな壁があった。被写体になった人々と家族のプライバシー侵害問題だ。

　前出の『ヒロシマの嘘』で福島は「友人の彼女がケロイドを写されるのを嫌がっているので何年も写させてくれと言えなかった。ある時、不用意に『写させて』と言ってしまって、彼女にひどい打撃を与え、生涯つぐなうことのできない痛恨事にしてしまった。原爆のドキュメントは、被爆者に想像もできない精神的な苦痛や負担をかけなければ映像化できないのである」。取材では被写体と撮影者の間には表に出せない「心の葛藤」があり、苦い想いはいまも消えないという。

世界のヒバクシャを撮影　フクシマの記録

　広島、長崎の被爆に続いて、第二次世界大戦後、核兵器と原発、そして、その原料や燃料を供給するウラン鉱山や核の廃棄物は、世界中に無数のヒバクシャを生み出してきた。こうした世界各地のヒバクシャを撮り続けてきた6人の日本人写真家による世界ヒバクシャ展は、日本国内だけでなく、台湾、韓国などで大きな反響を呼んできた。呼びかけ人は広島・長崎の被爆者を撮影してきた森下一徹だ。

　森下は1939年、東京生まれ。64年に初めて被爆者と出会い、以後、被爆者を50年撮り続け、自身の生きる原点になった。81年、ソ連邦60周年記念国際記録芸術写真コンテスト「人間と平和」で、「被爆者」がグランプリを受賞した。

　世界ヒバクシャ展は森下一徹、伊藤孝司、桐生広人、豊崎博光、本橋成一、森住卓の写真102点で構成される。撮影地は広島、長崎からビキニ、ロンゲラップ、セミパラチンスク、チェルノブイリ、イラク、ムルロア環礁、韓国、北朝鮮など広範にわたり、広島や長崎、実験場周辺で核被災した人々の現実に迫る。

　日本はヒロシマ、ナガサキを経験したにもかかわらず、2011年3月11日の福島第一原発事故で再び被ばくの悲劇を生み出し、世界に放射能を放出してしまった。「私たちは、世界のヒバクシャや核被害の真実を伝えることは日本人としての責任だと考えています。そのために、私たちは、世界ヒバクシャ展を2020年までに世界100カ国で開催することを目指しています」と森下一徹は病に倒れながらも、娘の美歩の押す車イスから訴えている。

　なお、この6人とは別に一貫してヒバクシャや核汚染の実態を取材してきたフォトジャーナリスト

についても付記しておきたい。マーシャルに住みビキニやロンゲラップ島民を追った島田興生、原発労働者を撮影してきた樋口健二、チェルノブイリ原発事故を取材してきた元朝日新聞の花井尊、広河隆一、福島第一原発事故の被災者の記録映画『遺言』を監督・製作、スチール写真も撮影してきた豊田直巳、野田雅也ら、真摯な姿勢に敬意を表したい。

歴史記録写真の保存と継承　アジア歴史資料センターの発足

　1981年11月、中野好夫、大友よふ、中林貞男ら10氏は、第2回国連軍縮特別総会（SSD II）に対して、核兵器完全禁止と軍縮を要請する「国民署名のよびかけ人会議」を開くよう訴える文書を発表した。1982年、SSD IIに向けて大きく盛り上がった反核・平和運動は、多彩な反核グループを結成し、各地で反核決議、声明が発表された。反核の動きは写真界にも広がり、写真家やカメラマン、写真業界全体が「反核・写真運動」に取り組み声明を発表、反核・運動が動き出した。これらの経過は「はじめに」や「あとがき」で、既に述べているが収集した原爆の記録写真は人類共有の遺産といえる。

　土門拳は「広島の被爆者たちは、すべての国民が再び自分たちのようなみじめな姿になることがないようにと、自ら進んでカメラの前に立ち、逆に一般国民に連帯する「悲願」を示してくれたのだった」と語る。福島菊次郎も「撮らせてくれた人に対しても残す義務がある」と語るように貴重な原爆写真を継承することは日本人の責務だと思う。

　だが、現実に日本にはこうした現代史の写真記録を保存する本格的な施設（アーカイブ）がない。各地には写真を展示保存するギャラリーや写真美術館はあっても、それは、いわゆる芸術写真の範ちゅうでしか、コレクションしていない。フランスやオランダ、米国のように歴史資料写真を大事にする保存施設がないのが現状だ。村山内閣の時、アジア歴史資料センター構想が生まれた。当時、私は写真界の主だった方々と相談、総理府に「写真の収集と保存」について意見書を提出したことがある。意見は採用されたが同センターは形に見える具体的な施設にはならず、2002年、ネット上でセンターがオープンした。

　こうした中、公益社団法人日本写真家協会が「日本写真保存センター」の設立に向け文化庁の委嘱を受けて活動を始めた。同保存センターでは、日本の近現代を撮影した歴史的に貴重な写真原板の収集と保存、管理をし、写真文化の向上に寄与したいという。山端庸介のネガ68点もここに寄贈された。そして最近は被ばく者団体からも、原爆記録の保存と継承を望む声が出ている。

　公文書館に所属するアジア歴史資料センターは、閣議決定にもとづき、まず戦前の公文書の主要な所蔵機関である国立公文書館、外務省外交史料館、防衛省防衛研究所図書館（現：防衛省防衛研究所戦史研究センター）が所蔵する明治初期から太平洋戦争終結までのアジア関係資料について、デジタル化を行った上でデータベースを構築し、インターネットを通じて公開することにした。これらの機関が所蔵する資料だけでも画像データにして2,800万画像を超える。同センターでは開設以来、毎年約15万～20万件（200万～300万画像）の資料を公開、2014（平成26）年4月現在での資料公開数は約190万件・2,810万画像となっている。しかし、まだ個人の写真をファイルするまでには至っていない。

　いま、日本はアジアを中心に諸外国から植民地時代の歴史認識について問われている。歴史の記録は人間の愚かしさを映し出す鏡でもある。原爆写真の伝承は私たち人類の共通の記憶遺産である。

（文中敬称略）

あとがき

　今年もまた、あの忌まわしい、そして忘れてはならない広島、長崎に原爆が投下されてから70回目の夏が巡ってきました。

　「反核・写真運動」は、1982年当時の国内外の「核兵器を廃絶して平和な世界を」の大きな運動の高まりの中で発足しました。

　川島浩、杉村恒、丹野章、東松照明、細江英公の5人の写真家が発起人となり、発足時には、日本のジャンルを超えた写真家、写真評論家、写真団体の代表など552人が呼びかけ人となりました。

　代表委員には、秋山庄太郎、入江泰吉、立木香都子、田中雅夫、春木栄、福田勝治、藤本四八、吉川富三、渡辺義雄の9氏が選ばれました。

　　「反核・写真運動」の趣旨は次の通りです。

1. 核兵器の廃絶と軍縮を実現するために国連、世界各国の政府ならびに日本政府に働きかける。
1. 日本政府と国会に核兵器を作らず、持たず、持ち込ませず、という「非核三原則」を厳密に守り、今後いかなる政府内閣のもとでも継続される保障を求める。
1. 世界各国の写真・写真関係者に、核兵器廃絶のために行動するように働きかける。
1. 被爆直後の惨状とその後の被爆者の苦しみの記録を包括的に集め、写真集の出版、写真展の開催など映像を通じて反核運動に役立てる。
1. 原水爆禁止世界大会に代表を派遣するなど、目標達成のために必要な行動をおこなう。

振り返ってみるとこの33年間、節目、節目に写真家として何が出来るか、模索しながら活動してきました。そして先に書いた代表委員の9氏ならびに、発起人で卒寿を迎えた丹野章氏と、細江英公氏を除いた先達たちはすべて鬼籍に入られました。

　現在、運動を担っている私たちは3世代目となりますが、それぞれ還暦を過ぎ、ほとんどは70歳代となっています。次の世代へバトンを渡すことは急務となっているのです。

　人類へ初めて原子爆弾が投下されてから今年で70年。この歴史的な年に、多くの方々のご協力で、私たちがこの間運動してきた集大成とも言うべき『決定版　広島原爆写真集』、『決定版　長崎原爆写真集』の2冊の本を世に送り出すことができました。同時に東京で「原爆投下70年──広島・長崎写真展」も開催しました。

本写真集に作品を使用させていただいたのは、広島を撮影した23人、長崎を撮影した11人、合せて27人の方々です。その大多数はすでに亡くなられ、今回はご遺族の方々にもご協力を仰ぐことになりました。
　この先達たちは、広島では原爆炸裂2分後、長崎では15分後から撮影を開始しています。
　当時、放射能障害が定かではない危険な時期、それも戦時中の極限状況下で撮影し、敗戦後は、米軍の占領下で記録したフィルムの保存に全力で努力しています。
　私たちは、自らの生命の危険を顧みず、被爆直後の惨状と、その後の被爆者たちの苦しみ、悲しみの記録を撮り続けた先達たちの意思をしっかりと継承し、歴史の証として貴重な記録を後世へ伝えていく使命を果していくことを改めて誓います。

　本書を刊行するにあたり、推薦文を寄せていただいた写真家の細江英公氏、ヒロシマ・ピース・オフィス代表で前広島市長の秋葉忠利氏、日本原水爆被害者団体協議会事務局長の田中煕巳氏をはじめ多くの方々にお力添えをいただいてきました。ここに感謝申し上げます。
　英文キャプションの監修では、共同通信元外信部長の横山司氏に多大なお世話になりました。感謝申し上げます。装幀を担当していただいたデザイナーの宗利淳一氏に深謝いたします。
　また長崎の写真を特別に提供いただいた山端庸介氏の長男、山端祥吾氏と、資料を提供していただいた孫の青山雅英氏のお二人にも感謝申し上げます。
　そして、出版にあたり、この実現が不可能とも思える企画を快くお引き受けいただき、様々な便宜をはかってくださった勉誠出版株式会社の岡田林太郎社長をはじめ社員の皆さまにも心から感謝致します。

合掌

2015年 風待月
小松健一
新藤健一

撮 影 者 一 覧

（50音順）

小川虎彦（おがわ・とらひこ）
1891～1960年。当時、長崎市桜町で写真館を経営。長崎県の依頼で内務省に提出する写真を8月20日から9月末まで222点撮影した

加賀美幾三（かがみ・いくぞう）
文部省学術研究会議 原子爆弾災害調査研究特別委員会の「広島長崎における輻射温度および爆風圧」の調査・研究班に助手として同行して広島、長崎を9月上旬～中旬まで撮影。眞島正市東京帝国大学教授、筒井俊正同大助教授、菅義夫同大助教授、助手・二瓶禎二の5名がメンバーであった

菅義夫（すげ・よしお）
1902～1985年。当時、東京帝国大学工学部助教授。文部省学術研究会議 原子爆弾災害調査研究特別委員会の「広島長崎における輻射温度および爆風圧」の調査・研究班に物理学者として参加。筒井俊正助教授、加賀美幾三助手らが撮影した当時のフィルムを保管していた

筒井俊正（つつい・としまさ）
1900～1977年。当時、東京帝国大学工学部助教授。文部省学術研究会議 原子爆弾災害調査研究特別委員会の「広島長崎における輻射温度および爆風圧」の調査・研究班の班員として広島、長崎を9月上旬～中旬まで撮影。眞島正市東京帝国大学教授、菅義夫同大助教授、助手・二瓶禎二、加賀美幾三の5名がメンバーであった

二瓶禎二（にへい・ていじ）
文部省学術研究会議 原子爆弾災害調査研究特別委員会の「広島長崎における輻射温度および爆風圧」の調査・研究班に助手として同行して広島、長崎を9月上旬〜中旬まで撮影。眞島正市東京帝国大学教授、筒井俊正同大助教授、菅義夫同大助教授、助手・加賀美幾三の5名がメンバーであった

林重男（はやし・しげお）
1918〜2002年。当時、東方社カメラマン。1943年に東方社に入社し、文部省学術研究会議 原子爆弾災害調査研究特別委員会の記録映画班の物理班に属し、スチール写真担当として参加。広島（9月30日〜10月11日）、長崎（10月12日〜22日）を撮影した

眞島正市（まじま・まさいち）
1886〜1974年。当時、東京帝国大学工学部教授。応用物理学者。文部省学術研究会議 原子爆弾災害調査研究特別委員会の「広島長崎における輻射温度および爆風圧」の調査・研究班の班長として広島、長崎を9月上旬〜中旬まで撮影。筒井俊正同大助教授、菅義夫同大助教授、助手・二瓶禎二、加賀美幾三の5名がメンバーであった

松田弘道（まつだ・ひろみち）
1900〜1969年。当時、写真技手。長崎の原子雲を爆裂の約15分後に川南造船所から撮影した

松本栄一（まつもと・えいいち）
1915〜2004年。当時、朝日新聞出版写真部。終戦直後の『科学朝日』で原爆特集が企画され、長崎（8月25日〜9月15日）、広島（9月18日〜25日）の撮影に特派された。撮影したネガがすべて焼却されることを知り、密かに自分のロッカーの中に保管していた

森末太郎（もり・すえたろう）
当時、三菱重工長崎造船所勤務、写真工。8月7日から三菱関連施設の被曝状況を42点撮影した

山端庸介（やまはた・ようすけ）
1917〜1966年。当時、博多にあった陸軍省西部軍の報道部員。8月10日午前3時頃に被爆直後の長崎市に入り撮影を開始し、夕方までの間に121点撮影した

本書に収録した写真は、「反核・写真運動」が撮影者ならびにご遺族（著作権継承者）の許諾を得て収集してきたものである。
ただし、以下の写真は本書のために新たに提供いただいたものである。
山端庸介撮影写真：山端祥吾氏提供　小川虎彦撮影写真：国際文化会館提供

編者プロフィール

「反核・写真運動」
核兵器の廃絶と非核三原則の厳守を求め、ジャンルを超えた写真家、写真評論家、写真業界の代表など552名の呼びかけにより、1982年に発足。広島・長崎を撮影した原爆写真の収集、ネガの複製保存、デジタル化、出版物の刊行、展示などの活動を行っている

小松健一（こまつ・けんいち）
1953年岡山県生まれ、群馬県に育つ。世界の厳しい風土の中で自然と共生する民族をライフワークに地球巡礼をしている。また、日本人の近現代の文学、作家の原風景を切り口にして日本人の暮らしと風土、沖縄、環境問題など社会的テーマを追い続けている。公益社団法人日本写真家協会会員、協同組合日本写真家ユニオン会員。主な著書に、『ヒマラヤ古寺巡礼』（インデックスコミュニケーションズ、2005年、日本写真協会賞年度賞）、『雲上の神々―ムスタン・ドルパ』（冬青社、1999年、第2回藤本四八写真文化賞）など多数。「反核・写真運動」運営委員 事務局長

新藤健一（しんどう・けんいち）
1943年、東京生まれ。元共同通信社カメラマン。帝銀事件・平沢被告の獄中撮影やダッカ事件、朴大統領暗殺事件、湾岸戦争、アフガン戦争、イラク戦争、スーダン、ソマリア紛争を取材。共同通信社写真部デスク、編集委員。定年後は明星大学、東京工芸大学、立教大学非常勤講師を歴任、東日本大震災を取材。『見えない戦争』（情報センター出版局、1993年）、『疑惑のアングル』（平凡社、2006年）の著書がある。潜水士。「反核・写真運動」運営委員

決定版
長崎原爆写真集

2015年8月9日　初版発行
2025年2月25日　第4刷発行

監修
「反核・写真運動」

編者
小松健一・新藤健一

発行者
吉田祐輔

発行所
株式会社 勉誠社
〒101-0061　東京都千代田区神田三崎町2-18-4
TEL：(03) 5215-9021　(代)　FAX：(03) 5215-9025
〈出版詳細情報〉https://bensei.jp/

印刷・製本
太平印刷社

ブックデザイン
宗利淳一・齋藤久美子

© Anti-Nuclear Photographers' Movement of Japan 2015, Printed in Japan　ISBN978-4-585-27024-9 C0072

本書の無断複写・複製・転載を禁じます。乱丁・落丁本はお取り替えいたしますので、ご面倒ですが小社までお送り下さい。送料は小社が負担いたします。定価はカバーに表示してあります。